疯狂阅读
——年度特辑——
3

中国风

主编 杜志建

襟上红尘太厚，
而你一笑清明，
抖落了我好多年的江湖。

漓江出版社
·桂林·

图书在版编目（CIP）数据

疯狂阅读. 年度特辑 3 中国风 / 杜志建主编.
桂林：漓江出版社，2025. 1. -- ISBN 978-7-5801
-0160-0

Ⅰ. G634.333
中国国家版本馆 CIP 数据核字第 2024KV5000 号

疯狂阅读·年度特辑 3　中国风
FENGKUANG YUEDU · NIANDU TEJI 3　ZHONGGUOFENG

主编　　　杜志建

出 版 人　梁　志
出版统筹　文龙玉
责任编辑　陈丽君
助理编辑　陈思涵
书籍设计　马俊洁
封面绘图　张姝钰
责任监印　黄菲菲

出版发行　漓江出版社有限公司
社　　址　广西桂林市南环路 22 号
邮　　编　541002
发行电话　010-85891290　0773-2582200
邮购热线　0773-2582200
网　　址　http://www.lijiangbooks.com
微信公众号　lijiangpress

印　　制　河南瑞之光印刷股份有限公司
开　　本　787 mm × 1092 mm　1/16
印　　张　10
字　　数　280 千字
版　　次　2025 年 1 月第 1 版
印　　次　2025 年 1 月第 1 次印刷
书　　号　ISBN 978-7-5801-0160-0
定　　价　25.80 元

漓江版图书：版权所有，侵权必究
漓江版图书：如有印装问题，请与当地图书销售部门联系调换

声明

　　基于对知识和创作的尊重，本书向所选文章、图片的作者给予补贴。因条件所限未能及时联系到的作者，我们在此深表歉意，当您看到本书时，请与我们联系，以便我们向您支付补贴和赠送样书。因篇幅有限，部分文章有删节，敬请谅解。

　　联系方式：0371-68698015

目录

有人出走江南十五层云烟，撑伞来做我的人间

2	榴花满长安	/慕兮
6	桃花纷飞，曾许你一眼万年	/张觅
9	花田半亩枕松涛	/芙蕖意
12	惟有同穴，尚蹈此言	/莫卡
18	唯有春风最相惜	/岑思

1

经典漫游

岁月走走停停，把千年风雅点一朵涟漪

22	问弦中和琴，谁谙太古音	/荷衣蕙带
25	张择端的春天之旅	/祝　勇
28	张岱的奶茶	/马庆民
30	随梳伴镜拂尘埃	/张　觅
32	一曲新瓷	/旋炒银杏
35	脂砚传奇	/杨紫陌
38	全民撸猫的宋朝	/马庆民

历史书上

魏晋清风入庭院，唐宋明月宴群山

42	可怜无定河边骨，犹是春闺梦里人	/李怡楚
46	献低眉	/彤管有炜
49	当移开"主角凝视"之后，熟悉的故事里还有什么	/在下行之
52	不眠灯	/月　灭
55	西风残照，长安宫阙	/旋炒银杏
58	魏晋，一段烟云水气的风骨	/荷衣蕙带

簪花少年

轻衫细马的少年郎，永远年轻，永远春风得意

62　陈循：站在命运的十字路口　　　　　　　　　　/ 路　索
66　卢照邻：长安城，请铭记他的回眸　　　　　　　/ 苍　鸾
69　李陵：胡马度阴山　　　　　　　　　　　　　　/ 霜　见
75　婴宁：有狐拈花而笑　　　　　　　　　　　　　/ 洛小荷
77　安茜：从以身入局到冲出紫禁城　　　　　　　　/ 陌枝野
81　虚竹：少年不懂虚竹苦，读懂已不再少年　　　　/ 白行简

那时风动

寄信给从前，蝴蝶跃出纸面

84　丰子恺：人散后，一钩新月天如水　　　　　　　/ 月满天心
87　林徽因：原生家庭是我的桎梏　　　　　　　　　/ 潘彩霞
90　瞿秋白：文人风骨，至性至情　　　　　　　　　/ 慕　兮
94　李叔同：我放下了繁华，悲欣交集一场　　　　　/ 洛　冰
97　钱伟长与孔祥瑛：唯憾卿去早，沪上春来迟　　　/ 卿风向晚

诗酒年华

你会不会在下一首诗里，想起从前的月亮

102　芙蓉风雪苍山远　　　　　　　　　　　/ 梧　语
105　陶渊明的孩子们　　　　　　　　　　　/ 杨　焄
108　烟波钓徒，逍遥渔隐　　　　　　　　　/ 花底淤青
112　还乡时，意难明　　　　　　　　　　　/ 王抒意
116　李商隐的时光魔法　　　　　　　　　　/ 闫　红
119　残月仍在，瘦马嘶鸣　　　　　　　　　/ 王　一

124　鬼谷仙生　　　　　　　　　　　　　　/ 桃墨曦
129　嗽金　　　　　　　　　　　　　　　　/ 烧灯续昼
136　山月归人　　　　　　　　　　　　　　/ 莫　卡
144　洛阳伽蓝记　　　　　　　　　　　　　/ 李明尔

雪满长安

多情最是春庭雪，年年落满离人苑

只此人间

有人出走江南十五层云烟,撑伞来做我的人间

榴花满长安

❋ 慕兮

柴公子，若我有朝一日能做个女将军，统领千军，运筹帷幄，一定很威风！

楔 子

大唐武德六年，西北之地的吐谷浑频繁侵扰唐朝边境，是年五月初五，霍国公柴绍领兵往赴，八月，吐谷浑归附唐朝。

史书上浓墨重彩的辉煌一战之后，轻描淡写道：同年，柴绍之妻平阳公主薨。独有军功，不输男儿。及薨，追谥曰昭。

年少的唐朝公主正是好年岁，风华绝代，恍若初见；戎马一生的将军霜雪覆上眉宇，孑然而立，苍老如斯。长安城的五月，微雨过，小荷翻，榴花开欲燃。

你依旧美好，我却垂垂老矣，久病沉疴。

一

柴绍近来总是梦到初见三娘的那日，五月榴花开满了长安，火红的一片，点燃了城池里半天云霞，煞是好看。

一身水红芙蕖袄的小姑娘，英姿飒爽，身下桃花马，银枪斩落榴花纷纷。池子里小荷婷婷，衬得她英气的眉宇间多了几分难得的柔和温婉。

他隔了漫天花海，看她一出百鸟朝凤枪，一招一式舞得漂亮。

突然之间，那红缨银枪便直指他

的眉心——"你是何人！躲在这里偷学我的枪法！"

银枪斩榴花，花落满肩头。

他随手接住风中一朵，扶枪跃马而上，从她身后勒住了缰绳，马扬起前蹄，她便落入这个陌生少年的怀里，一瞬间慌了心神："你做什么？"

而少年只是温柔地将那朵榴花别上她发髻，笑道："李公家的三娘子果真名不虚传！"

火红的榴花灼灼，映得她面色泛红，灿若云霞。

唐国公李渊的几个嫡子女里，只有一个女儿，她排行第三，所以都称她三娘。年幼时有人为她卜得一卦，说她是一位上马能战下马能谋，才智不输男儿的奇女子。

三娘的名气早已传遍了整个长安城，谁都知道李家有个姑娘，不爱红装爱武装。她得意扬扬地对柴绍说起这些的时候，柴绍正在念乐府里的《木兰诗》给她听。

"万里赴戎机，关山度若飞。朔气传金柝，寒光照铁衣。将军百战死，壮士十年归。"

将军百战死，壮士十年归。

"柴公子，若我有朝一日能做个女将军，统领千军，运筹帷幄，一定很威风！"

柴绍心里没来由地一悸，她一脸天真地看着他笑，那笑容明媚美好，他突然有种要守住这美好一辈子的念想。

"将军啊，打打杀杀的，还是我来替你当吧。"

他拈下飘落在她发梢上的一枚花瓣，轻轻勾了勾唇角。

三娘出嫁的那日，依旧是榴花满城，错落的花树灼灼如火，蔓延至府邸。迎亲队伍一路吹吹打打，新郎引马前行。

晚风拂起车帘，坐在里面的新嫁娘深青色的大袖连裳，素纱蔽膝，隔着一段不远的距离，只能看到她一头明晃晃的花钗簪笄。高高盘起的云鬓下，她偷偷笑着，偷偷打量周围。

骑马走在最前面，一袭红纱绛公服的新郎笑得很开心，面如冠玉，眉宇间透着英气。

像是被灼到了一般，她一下子又收回视线，涨红了脸，唇角却带笑。

一路随行的小孩子闹哄哄、笑嘻嘻的，他们跟着大人念——"桃之夭夭，灼灼其华。之子于归，宜其室家……"

"柴绍，柴公子。"她心里也不由轻声默念着，"之子于归，宜其室家。"

二

佳偶天成，本应顺遂安稳，可乱世

里天道总也无常。

隋义宁元年四月,李渊在晋阳起兵,白旗誓师。隋朝气数将尽,四方割据,战乱迭起,民不聊生。李渊起兵之时,就已经秘密派人召回当时还在大兴的柴绍和三娘,可事情还是泄露了出去,二人在路上遇到隋军拦截,柴绍身负重伤,三娘也不知所终。

他孤身一人,仓皇辗转回到晋阳,失魂落魄。那时他以为自己就要永远失去她了,直到她的名声传到了战场,传遍了长安。

"李娘子于鄠县庄,散家资招引山中亡命,得数百人!"

"李娘子掠地至蓥屋、武功、始平!申法誓众,远近咸附!"

"李娘子勒兵七万,威震关中,号称'娘子军',已举义旗!"

捷报一封封传来,只有这时,他才会稍展紧皱的眉头,露出一个欣慰的笑。

他想着他的小将军,一身戎装,策马长枪,回首三望,朔风掠过,眉目飞扬。他欣慰之余,也暗暗立下誓言:许三娘一生平安喜乐,再不让战场的腥风血雨惊扰她半分。毕竟,她是个女子;毕竟,她是他柴绍的妻子。

唐军的讨伐势如破竹,三娘得封平阳公主,夫妇二人因有军功,自然备受赏识。

祈愿顺遂安稳,永远只是祈愿。

三

武德六年,一场漂亮的吐谷浑之战。那一日,柴绍被困于山谷中,以为此一战再无胜算。他一直在担心三娘,如果他战死此地,以三娘的性子,一定会请兵为他报仇,他很害怕,比死亡更害怕。晋阳起兵之时,他弄丢过她一次,他不能再让她有一点儿危险了。

唐军早已人心涣散、精疲力竭,可就在敌军又一波箭雨来袭之时,谷中忽起琵琶声,而后天降大雾,敌我皆入雾中。那着红衣、执银枪而来的女子,若九天仙子下凡。军士皆惊,以为必有神助。

可是突围得胜的柴绍,却疯了一样要找那女子。

有人劝他,仙子定是功德圆满,重回九天了。只有柴绍知道,那才不是什么仙子,那个人就是他的三娘。那一出百鸟朝凤枪,除了他的三娘,这世上还有哪个女子能舞得这么漂亮?

凯歌一路直到长安,庆功,封赏。

可他听到的第一个有关她的消息,便是李三娘率娘子军,已偷偷奔赴吐谷浑接应他。秦王亦是随后,领军日夜兼程,前往吐谷浑。

快马传信的人,后来再没有一点儿

音讯。直至那一日，秦王凯旋，带回来的，是戎装凝血的三娘。

她躺在冰冷的木车上，一身戎装，轻阖眉眼。他的小将军，就这样战死在了沙场上，像她说的那些马革裹尸的英雄一样。

军士皆着白衣，百姓挤满了长街，失声痛哭。

而一直站在一旁的柴绍，此时如出神一般一动不动，面上也竟不见一丝悲戚。良久，他缓步走了过去，将三娘冰冷的身子轻轻抱了起来，他用朱色的袖口小心擦去她面上的血污，终是露出了一个温柔的笑——

"回来了，小将军？"

他抱着她，小心翼翼的样子仿若怀中是他稀世的珍宝，宠溺而无奈地轻叹一声："回来就好。"

四

李渊为自己最疼爱的女儿罢朝，长安城十里哀歌不绝，白幡一路连绵至古道。李渊说，这样她的魂魄归来时，不至忘记了回家的方向。

军士为她举殡，军乐为她送行。李渊更是下诏，加前后部羽葆鼓吹、大辂、麾幢、班剑四十人、虎贲甲卒。

她是大唐的公主，是李家的将军，也是柴绍唯一的妻子。

柴绍把自己关在房里粒米未进，只是守着三娘被草药暂时保存的身子。他温柔地为她更衣画眉，仿若她还活着一般。她着的是当时女子最爱的浅红石榴裙，画的是她平日里从未试过的梅花妆。或许在柴绍心里，她才不是什么公主、将军，只是他唯一的妻子。

"你从小就任性，说了这么久，还是本性不改。"

"早和你说过，姑娘家就该在阁子里绣花弹琴，你学什么不好，偏去练武。"

"前些日子武儿还问起你，我总不能说他阿娘当将军去了……"

想了想，却又无奈地笑笑："可要是只会绣花弹琴，就不是李三娘了，对不对？"

他从身后轻轻揽着她："小将军，长安的榴花都开了，明艳一片，像是我初见你的那日。"

"你回来，我带你去看花，好不好？"

他仿佛又看到那一年，一身水红芙蕖袄的小姑娘，银枪斩落榴花纷纷，一出百鸟朝凤枪，一招一式舞得漂亮。而他看着怀中失了力，轻轻从发梢间滑落的榴花步摇，终是泪如雨下。

微雨过，小荷翻，榴花开欲燃。

可他的小将军，永远留在了武德六年，留在了初见那一日，漫天花海的一片明艳之中。

桃花纷飞，曾许你一眼万年

> 那含着水露的桃花，盈盈地在她面前随风轻轻袅娜，像是噙住了整个东山的精华……

❋ 张 觅

一个遥远的春日的下午，谢安上门去拜访好友刘惔。他是当时魏晋名动朝野的白衣名士，他的好友刘惔，也是一位谈吐不俗、风姿倾人的名士。

进得门来，满目幽绿，正心旷神怡时，忽然见到桃花树下，站着一个身穿桃红裙衫的少女，正摘下那朵朵灿然桃花，插在自己乌黑明亮的头发上，背影窈窕。谢安缓步走近，她仿佛才发现有陌生男子站在庭院，颊上一红，低着头快步走开，像一只小鹿那样轻捷。

惊鸿一瞥，谢安并未看清楚她的容貌。他正在发呆，却听到一个爽朗的声音："谢兄见过小妹了？"原来她是好友的妹妹。

他言语间忍不住多次询问刘小姐的芳龄脾性，刘惔呵呵笑道："小妹顽皮得紧，倒叫谢兄见笑了。"

谢安回去，梦中却不停地浮现那桃花，以及桃花树下穿桃红裙衫的少女。他是当世的绝世才子，从来没有一个人，令他这样，魂梦相牵。

过了几日，谢安便请人上门提亲了。

刘惔自然爽快答应。那谢安，是当世多少名门贵族的少女所梦想的男子。他四岁时，谯郡的名士桓彝见到他已大为赞赏，说："此儿风神秀彻，后当不减王东海。"十三岁时，他的声名就已经远传到了辽东，连当时才七岁的慕容垂都特地送来一对白狼眊作为礼物。少年时代的谢安便已被推崇为江左"风流第一"。

而她得知谢安提亲的消息时，在哥哥探询的目光中，忍不住抿唇而笑，眼波流转。原来，他对她的心思，与她亦是一样。她抬起芙蓉面，灵活的眸子转了几转，含羞点了点头。

谢安第一次看清楚刘小姐的面容，是在喝了合卺酒之后，他小心翼翼地用秤杆挑开新娘的喜帕时。

喜帕下，露出一张清秀的脸，桃腮流赤，杏眼含露。谢安一时怔忡，仿佛站在了春日的原野之上，漫山遍野都开满了三月的桃花，明艳照人，令人心旌摇曳。

从此，他魂牵梦萦的刘小姐，便成了刘夫人。

婚后的生活，是他想象不到的甜蜜。

早起她对镜梳妆，细细描眉，他看得呆了，忍不住走上前，接过眉笔，精心地为她画眉，画成了逶迤的远山黛。她揽镜自照，眉梢眼角都是笑意，忍不住唇角上弯。而她乌黑浓密的头发披散在他的膝上，便如《子夜歌》中所唱的："宿昔不梳头，丝发披两肩。婉伸郎膝下，何处不可怜。"

彼时，他就只愿时光就此停驻，这一生，他只愿为她，画一世的眉，一直看着她那张宜嗔宜喜的芙蓉面。

他是不世出的大才子，名满天下。朝廷几次想让他出山，她是知道的。诏书下来，她正在庭院里赤了双足爬到树上采摘开得最好的那朵桃花，闻之笑问："这回封了你什么官儿？"

他不觉摇头微笑，甚是头痛："上次征召我入司徒府，这次是又任命我为佐著作郎。"

她双足踏入木屐之中，举着那朵灼灼照人眼的桃花，扑哧一笑："这次拒绝的借口……可又是生病？"花面相映，无比旖旎。

他微笑着走上前来，接过她手中的桃花，亲手给她插上头发。

"我们一起去会稽的东山吧。那里，没有人会打搅到我们。"他温和的声音响起。

她仰起头，眼眸闪烁："好，你去哪儿，我就去哪儿。"

就这样，他和她，来到了东山。这里真是个幽静的好地方。山涧溅玉，古木浓荫。她欢喜无限，像一只小鹿一般轻捷地在青山绿水中徜徉着。然后，她转头对他说："我真是好喜欢这里。"

他只是微笑着看她。

他也喜欢这悠闲的日子。这里让他远离尘世喧嚣，有一份清静的自由自在。

后来，身在官场的父兄便将子侄送与他调教，清静的山居生活又多了几分热闹生趣。他在书斋中教导子侄，她从朱红的绮窗外悄悄观看，他察觉了，目光温柔地看过来，仿佛一簇清凉的月光。

她脸上又是微微一红。虽然嫁给了他这么多年，可是每次他的目光拂来之时，她总如初见一般心跳不已。

子侄们知道他与她的故事之后，总觉

得好奇。有顽皮的孩子便自作主张地跑过去，对她说："婶婶，叔叔说要纳妾呢，你许不许？古语有云：'关关雎鸠，在河之洲。窈窕淑女，君子好逑。'我爹都有好几个妾，婶婶也让叔叔再求几个佳人吧。"

她蹲下身，微微笑着对那孩子说："谁写的这首诗？"

侄子得意地说："是君子。"

她笑道："君子是男子，当然这样写。假若由淑女来写，就不会有这样的话啦。"

她说完，眨了眨眼睛，忍着笑意转过身去，只留下那抓耳挠腮的孩子怔在原地。

转过朱阁，她却微微一愣——正对上了一双温柔含笑的眸子。

她忍不住低下头来，笑道："你都听到了？"

他微笑："是的，都听到了。"如此精灵古怪的应答，也只有她才想得出来。他把背在身后的右手伸了出来："桃花开了，给你在山上摘了一枝。"

那含着水露的桃花，盈盈地在她面前随风轻轻袅娜，像是噙住了整个东山的精华，在她眼前，徐徐铺展开一片明媚的春色。

他始终是身负大才之人，当朝廷面临重压，极力请他出山时，他为了家族，最后不得不出任高官。他虽然身处深山，但对朝廷种种事端却洞若观火，了如指掌。很快，他手握重权，实际上总揽了东晋的朝政。

他处理政事直到深夜，她便亲自给他掌灯添茶。他抬头："夫人，你去歇着吧。"

她轻轻摇头，她要陪着他，一直陪着他。

又过了些年头，大军南下，军情紧急。他把一切安排妥当，自己却在家下棋。晋军在淝水之战中大败前秦的捷报送到，他看完捷报，便放在座位旁，像没这回事一样，照样下棋。客人问他，他便淡淡地说："小孩子们已经打败敌人了。"

直到下完了棋，客人告辞以后，他才抑制不住心头的喜悦，舞跃入室，把木屐底上的屐齿都碰断了。

只有她悄然走了进来，轻轻蹲下身去，给他换了一双木屐。她心疼地看着他，伸手抚摸着他的头发。一入江湖岁月催，这个曾经在桃花树下白衣胜雪的少年，如此经年操劳，他的鬓旁，也是有了白发了。

淝水之战以后，皇帝却过河拆桥，百般排挤他。他本就无心争权，于是起了重回东山之心。在他心里，就算权倾天下，又怎比得上归隐东山之乐呢。

但可惜的是，过了不久，他就患了重病，只得请求返回建康治病休养。然而回到建康只有几天，他就溘然病逝了。

在他生命的最后时刻，她一直陪在他身边，紧紧握着他的手。而他一直默默望着她，目光仍是和润温柔，直到唇角的微笑渐渐冻凝。她轻声说："夫君，累了就好好休息吧。"

说话间，簌簌几滴泪，跌落尘埃。

他虽然是世人眼中仰望的谢安石，但在她眼里，他只是她的夫君，是需要她照顾、呵护的丈夫，是她的一生一世一双人。

此生，他和她获得了最完整的爱情，这一生，到底是不枉了。

花田半亩枕松涛

*芙蕖意

她听罢恍然，仿佛回到那年春日，山上松涛又吹在耳边。

洛阳城起了秋风，廊下落叶打着旋儿溜到池中，缓缓沉没。她在窗前等了许久，天色渐渐灰淡，山涛才携着困倦的风尘归来。

相顾无言，她起身点亮烛火，听他讲起今日的情形。那是一场千人相送的悲壮行刑，台上那人一曲《广陵散》声彻天地，宛若玉山倾倒。嵇叔夜，她默念着这个名字，想起那年暮春在桃树下薄醉弹歌的年轻人，原来已是很久之前的事了。

"不必忧怀，我没叔夜那般绝烈的性子。"他苦笑着开口，指尖遥指的正是皇城的方向。

她听得心头苦涩，抬手去抚他皱着的眉。

天下人看得清楚，嵇康虽死于

钟会构陷，但归根结底还是因他不肯屈就司马氏。他娶了曹氏的女儿，又迟迟不肯出仕，更有甚者，他写给山涛的那封绝交信早已尽人皆知。若说嵇康有文士风骨，那她的夫君便成了屈从权势的卑劣陪衬。可在这人如蓬草的乱世，头角峥嵘又该如何立足？

她瞧着独坐窗边的丈夫，烛火摇曳，他映在墙上的影子已不再挺拔。月色悄悄漫过窗棂，如水如霜，如那些遥远的夜晚。

那时她还年轻，是闺中待嫁的韩氏女。街坊悄悄议论：韩家虽算不上富贵，可那山氏也太过清贫。山涛早年丧父，家徒四壁无以为聘，韩家姑娘自小娇养，嫁过去不知要受多少辛苦。

她在灯下缝着嫁衣，想起父亲对山涛简短的评价——"敏而敦"，这样的人可以托付终身吗？她见过山涛，只是在街衢人流中惊鸿一瞥，她看不出什么聪敏敦厚，只觉得他分外温和，仿佛和煦的春风掠过竹梢。温和的人，想来不会是个很差的丈夫吧。

她在次年春天出嫁了，婚后的日子如街坊所言般清贫，却不似他们所说的那般辛苦。山涛没有入仕，家业微薄，他们住在简陋的茅屋里，她要操持家务，谨慎安排柴米油盐的支出。

一豆烛火，她在灯下盘算，他在灯下读书。她时而与他玩笑："肉贵米贵，生计艰难，不如下旬我少添一支簪，你少买一册书。"

烛泪滴在桌上，像一颗朱红的相思豆。他收了书册，向她正色道："非也非也，米肉与书皆可不买，唯夫人的簪不可不要。"

她笑他空谈，他忽而问她是否希望他入仕。

这也是她曾思量过的事。他在文士中颇有声名，入仕想来不难，家中生计便可宽裕几分，她也不必如此操劳。凝思良久，她只问入仕可是他的本心。她不在乎生活清简或富贵，于她而言，入朝堂也好，归山林也罢，只要本心自在就够了。

山风清朗，捎来远处阵阵松涛，他展眉而笑："若果真入仕，他日位列三公，娘子岂非三公夫人？"

他隐居山野时并无多少交游，算得上知己的，大约只有嵇康、阮籍等人。饮酒花前，放舟溪上，明月为宾，松风做客，她从房中捧酒而出，看那些坐在桃树下的年轻人，飞花散漫逐斜阳，满座衣冠胜白雪。这样的好时光，待老了回想起，不知该如何牵怀。

天色晚了，山涛留嵇阮二人住下。待他们安寝，她从墙上一方小孔窥探，山涛在一旁笑而不语。

明月朗朗，她遮了墙洞轻笑道："嵇阮二人都是玉山般的美男子，岂是夫君比得上的？夫君能与他们相交，大约靠的只是一点儿温和气度。"

山涛也不恼，颔首道："他们也总认为我的气度不错。"

这些都是旧日笑谈，其实她看得明白，嵇阮二人与夫君最大的不同是他们狷介不羁。在外人看来，他们虽负才学却不免性情孤僻，自己的夫君则是个老实人，温和的性情使其可以包容他们的乖张。后来她想，正是这种与时舒卷的性情，才让他得以安顺到老。

山涛终于入仕，那时他已经四十岁。他担任郡主簿，后来累迁做了河南从事。

几年后，他对她说有意辞官，那时曹氏在朝，而太傅司马懿称病卧床。她不解，他却看得清楚——司马懿不过是掩人耳目，潜伏一时，意在权柄，此时为官恰如在奔跑的马蹄下腾挪，不知何时便会大难临头。

高平陵之变中，司马懿诛杀曹爽一族，曹氏衰微，司马氏独专朝政，那时山涛已辞官隐居，却因与司马氏有亲故而被授予官职。

离家赴任时，她望向那座小小的茅屋，门前的桃树已长得很高了，春来开成一片绯红的云霞。等待他们的是洛阳的高屋深宅和苍茫前路，这溪前桃李、满山松涛，不知此生能否重逢。

司马氏篡权，一些朝臣不愿屈就便自此归隐，一些朝臣因效忠曹氏被相继贬黜，唯有山涛这样中立的老好人，只顾治政举贤，反而仕途平顺。他成了朝廷的股肱，多了宴饮酬和，而当年至交却纷纷疏离，阮籍与他形同陌路，嵇康写了那封流传千古的《与山巨源绝交书》："吾直性狭中，多所不堪，偶与足下相知耳。间闻足下迁，惕然不喜，恐足下羞庖人之独割，引尸祝以自助，手荐鸾刀，漫之膻腥，故具为足下陈其可否。"

她读得心生悲凉。夫君举荐嵇康为官，一半是爱惜他的才华，一半是为他铺设出路，嵇康名动天下却不肯向司马氏示好，早已为人所妒，入朝为官是敷衍自救的办法。嵇康没错，他原本就是这样狷介的性情，可夫君又何错之有，难道非要抱定个性处处碰壁才算名士？要怪，就只怪这身不由己的乱世。

她醒来时天色已明，山涛要去上朝了。他踟躇片刻，与她讲起嵇绍——那个年幼的孩子。嵇康最后将儿子托付给这位性情温和的旧友，如此想来，那封绝交书也许是故意公开与山涛划清界限，从而保护他。嵇绍从此就是她的孩子，亲如骨肉。

他絮絮地讲了许多，忽而叹道："若当年没入仕呢？"

她听罢恍然，仿佛回到那年春日，山上松涛又吹在耳边。可世上没有如果，他既担了声名，便免不了走这一遭。

她起身为他理衣，笑道："山上幽居的岁月很好，可只要有眼前人在，洛阳的日子也是安稳的。"这个温和的眼前人，还要陪自己走过很长的岁月。

惟有同穴，尚蹈此言

✲ 莫 卡

苏轼的生命中，让他用一生去忘记的女子有三个：琴瑟和鸣王弗，相濡以沫王闰之，知心解意王朝云。

王弗与朝云因"十年生死两茫茫"和"不合时宜，惟有朝云能识我"广为人知，而王闰之，连名字都少有人记得，提起她，人们往往称呼的是"王弗的堂妹"。却不知，正是这位闺名二十七娘的奇女子，陪苏轼走过了他人生中最重要的25年，历经乌台诗案、黄州贬谪，在苏轼的宦海浮沉中，她与苏轼患难与共。苏轼离世前，嘱托弟弟苏辙将其与王闰之合葬，因为这是他给她的许诺——"惟有同穴，尚蹈此言"。

"十年生死两茫茫，不思量，自难忘。"

她将相思藤织成的篮子往下倒了倒，把拾得的野菜、山茶细细分出炒制好，确保她的夫君巡城归家时有热饭可食、粗茶可饮，才忍不住又把目光落在那人昨夜辗转难眠，披衣垂泪写的那阕词上。

字字情深，只是与她无关。

纸上最后一点笔意未尽，缠绵潦草，既失了翰林学士台阁体的光洁方正，也全不似苏子瞻平日落墨的丰腴舒展。

她想，许是她亲手刨平打磨的这竹案粗糙不平之故。

可惜密州冬寒干燥，低山缓丘，并不适合竹子生长，这已是她在乱石中捡的最好的几根枯竹。

她自小生于蜀地，茂林修竹俯拾皆是，从未想过别处丰盛之物，时移世易，也能成求之不得的稀罕物。

她觉得只要同他在一起，即便清苦，小窗外依然是好风如水，清景无限。

不想于他却只是，年年肠断处。

"二十七娘，晚间我约了通判家来饮酒。"

青年身材颀长，掀帘而入。世家大族出身，尚未习惯茅屋低矮，被门檐下低垂的茅草遮了清峻眉眼。

他浑不在意，伸手抽出茅草，就近填进案边暖炉，又拢了她一双手凑近炉边去烤。

"手怎么这样冷，可是冬衣不足？"

> 她爱过一个青山所化的人，这个人也如青山爱着人间草木、风雨烟霞，或许也有一缕，爱着人间的她。

青年有些惭愧，他俸禄微薄本就勉强够维持家用，偏密州今年多受旱灾蝗灾。今日他与通判下了值，本想去城墙挖些杞菊果腹，却又捡着了几个灾民丢下的弃婴。两人无奈，只能一起凑了银钱挨个送去没有子女的农家托养。

"没事，你放心。"

她笑笑，已听到通判爽朗笑声在院外响起，示意他去院中迎接，自己转身去厨房烫酒。

通判素来豪爽，又与他交好，酒酣耳热之际拍着小小竹案朗声道："子瞻文笔风流，可传万世，可惜可惜！"

通判说的是他被贬谪前，因诗案入狱，他的妻子心中惶然，唯恐再多牵连，竟然将他的诗文稿付之一炬。

"若是先嫂夫人还在，定不会如此。她知你爱你，又胸有丘壑、有大眼界，万不会行此……"

他本要阻止好友说这些诛心之话，只是听他语中提及亡妻，不由想起昨夜尘梦。

"夜来幽梦忽还乡，小轩窗，正梳妆。相顾无言，惟有泪千行。"

梦中恩爱刻骨铭心，恍惚以为这样的拥炉夜谈该在身后有一扇屏风，屏风后端坐着一个敏谨惠谦的女子，若自己有言行轻狂，她便会敲一声杯盏脆响，警醒自己。

"咔嚓。"杯盏脆响。

他猛地回头，却见二十七娘端着两只瓷碗进来。

"夜里天凉，我用蜀地特产的川椒煮了茶，你们喝完好暖暖身子。"

通判此时已酒酣头昏，也并不知道何为川椒，忙不迭地行礼道谢，还不忘说一句："嫂夫人也坐吧，听闻子瞻昔日读书应和，疏漏处总有嫂夫人在旁提点，今日也……"

微醺的苏子瞻已叫呛鼻的两碗茶熏得清醒，知道面前这人是二十七娘，是随他漂泊南下、稳家宜室、辛苦操持的继室，不是通判从未见过，他自己梦中相逢亦不识的原配。

二十七娘脸上神色淡淡的，苏子瞻心中愧悔已山呼海啸。

生恐通判再说诛心之话，他赶紧抢过

一碗仰头饮下，辛麻之感如一记重击砸中他的舌尖，一时窒住，说不出半句话来。

所谓川椒，原是蜀地熬汤提鲜的佐料，苍翠的小小一颗就能麻人口舌，二十七娘煮的这浓浓一碗，简直堪比华佗开人头颅所用的麻沸散。

好生送走了通判，苏子瞻灯下细看二十七娘，忍不住笑出声，人人夸他这位妻子温顺，是最惜福知足的人，却也有不平之时。

然而此生泼辣，不过一碗川椒茶，当真可爱。

"笑什么。"

二十七娘神色仍是淡淡的，苏子瞻只连连摆手，指着麻肿的齿唇表示说不出话来。

她却取过另一碗茶一饮而尽，良久，点了点头，缓缓说："不错，确如麻沸散。"

——可以止痛。

苏子瞻凑近去听她言语。

那个素来同冶艳风流不沾边的柔顺女子，抬手扯住他青色衣襟，指尖按着她自己密绣的针脚，这是她为他新做的衣服，衣不如新。

奈何，人不如故。

她抬头碰触他同自己一样麻木的唇，坦然给出她的爱，永不收回。

朝云进来收拾案几时，二十七娘正在数着苏子瞻这月的俸禄，每六十文便用一根麻绳串起来。

许是苏子瞻那日愧悔，却到底一腔情爱都给了前人，无所弥补只好"贡"以黄白之物，如今一得了俸禄便急急全交给二十七娘，任由她换为铜板一一安排。

朝云年岁尚小，原在杭州收为侍女时并不识字，这些年也不过能粗粗识文，捡起先生诗文只略略读了两句，也立刻悟到这深情词句并非写给眼前夫人，忙匆匆放下，反引得二十七娘抬头看她。

"先生疏朗，这文稿也不妥善放置。"

她面色尴尬，二十七娘却了然，反笑道："朝云，你年纪小，不知道这样的东西，如何放置，都难妥善。"

朝云眨了眨一双美目，不解地歪头。

"'曾经沧海难为水，除却巫山不是云。'你可听过？"

朝云忙点头，二十七娘便也点头："这就对了，你本不该听过。传闻当年元微之写完这首，便将诗册陪葬于爱妻墓中，表白于众，言每字深情都归爱妻独有，永不抄录传世。"

朝云茫然："可是分明传世了……"忽而惊诧掩口。

"才子嘛，纵有情深，总多的是情非得已，落难时少不得要挖出来，换些黄白之物。"

二十七娘摇了摇手中铜串："无攸遂，在中馈"，作为他如今的妻，家中馈食供祭已皆托付于她手。

"朝云，你要记住，世间情爱，不过水月镜花。敢去水中捞月，也要敢对镜中花无动于衷。"

苏子瞻站在檐下怔怔地听着，素以清明著称的双目失神落在一处，连门槛上的茅草落在他肩上也未觉察。

二十七娘透过手边轩窗，已看到了他，正奇怪他为何迟迟不进屋中，顺着他的视线，正看到自己身边初初长成的朝云。

她心中了然，转念把刚刚劝朝云的话，又劝了自己一遍，唤朝云抱着钱串一同进了主屋。

苏子瞻进去时，正见二十七娘让朝云搬了绣凳，她踮着脚，要将钱串挂于主屋墙上。

他跨步过去，扶住她的腰防她摔下，单手拿过钱串替她挂好，轻声问："这是做什么？"

朝云笑嘻嘻道："夫人可是要做风铃，这样风一吹进来铜板叮当作响，也怪好听的。"

苏子瞻冲她摆摆手，朝云便退出去了。

"我算了下每月花销，以六十文分为一串，每日用完并不多取，若至月底仍有富余，便可为夫君饮酒交友之用。"

二十七娘笑看他一眼，温和道："到时便再将通判请至家中，或你二人同去酒庐，将那日未尽之言聊尽兴。"

苏子瞻满面通红，八尺男儿铮铮君子，到了此时也只会轻轻扯了妻子的袖角，讨饶地摇一摇。

二十七娘却一拊掌，叹道："法子虽好，只可惜我不如夫君身量顾长，总不好每日劳烦夫君。"

苏子瞻应道："我去砍一竿竹子给你做……"

说到这才想起密州无竹，难觅的几株尽被二十七娘做了那张小案，供他写词句文章。

"我瞧院子里红梅开得正好，不如折一枝做这钱杖，也算是用梅香淡淡铜臭。"

苏子瞻点头："甚好。"

立刻起身去折，却又听二十七娘扬声道："说来那株梅，原是你好友秦——"

"正是秦少游所赠。"

"哦——是那个见了朝云，忍不住写词夸她的秦少游。"

苏子瞻笑道："怎么，夫人喜欢他的词？"

二十七娘只去竹案上拿笔，对着他摇了摇笔杆，温顺笑了笑："我可不通诗文，不知他写了什么词句，夫君写来给我看。"

苏子瞻拥她在怀，握住她的执笔的手，恰有一瓣雪花落进轩窗，融在纸上。

二十七娘伸手去接，苏子瞻笑道："仔细着了风，不是要看他的词？"

二十七娘懒懒道："谁爱看谁看去，这人留恋章台，写的东西都是秦淮脂粉味，我不喜欢。"

她趴在窗边数雪花，幼时在家，也见古书上说，世间花草，多是五瓣，唯雪花六瓣，立春后也变作五瓣。

她的指尖翻飞在窗檐薄积的雪中，如飞鸿落影，融了雪水便随意在纸上按下几个指印，口中玩笑道："死生契阔，与子成说……哎呀，指印消失啦，不作数啦。"

苏子瞻笑由着她闹，只捡起笔，在

她的指印上题诗，任凭纸上的潮意晕开了墨。

烛灯下她的眉目温婉，抬眼对他笑道："唯愿今岁立春落雪，我要数一数，是不是变作五瓣了。"

苏子瞻正去取自己的小章来盖，闻言朗然答道："纵然今年不落，还有明年，岁岁年年，我只陪着夫人数雪过冬便是。"

二十七娘拉开桌间小抽屉，将手一翻，喊道："子瞻，这里。"

掌中正是那枚他遍寻不得的小章。

"多谢夫人，那秦少游的词不好，以后子瞻亲写词来答谢夫人。"

二十七娘笑道："偏你写得好……"

她忽然想起他写的那首悼亡妻的词，的确是写得好。

三

宦海沉浮，惊涛骇浪，二十七娘都陪着苏子瞻走过了，但她却没能走过那一年的立春。

她这一生何其匆忙，朝做餐食暮浆衣，春耕荒山秋收藏，每日碌碌忙忙，春秋轮转，走马回望竟找不出能数立春雪花的一日闲暇。

"也许是如人所言，我一介农妇，没有这样风花雪月的机缘。"

她精神尚好时，也会靠着轩窗为苏子瞻再缝一件青衫，虽然他的余生也同她没什么干系了。

她尽力探身看了看院子中漏出的青天，和她二十一岁那年并没有什么不同。她心中的爱，也依然和二十一岁嫁给苏子瞻那年一样，没什么不同。

朝云已经长成了大姑娘，她眼中的思慕，也和二十一岁那年的她，没什么不同。

她已经褪色，而总有人正值鲜亮。前难追故人，后不及来者。她听过别人如何夸朝云，忽然好奇起身后别人如何说自己。

苏子瞻回来看她，掀帘进来时，身姿挺拔一如穿越光阴，眉间虽有岁月描上的风霜，一双星眸仍似少年清亮。传闻苏先生出生时，他的家乡荒芜了一座青山，整山的灵气都伴着他降了世。如今看来，传闻兴许不假。

她爱过一个青山所化的人，这个人也如青山爱着人间草木、风雨烟霞，或许也有一缕，爱着人间的她。

"你还欠我一阕词没写。"

苏子瞻愣住，见她今日精神较先前好些，心中暗暗欢喜，唤朝云拿笔墨来。

二十七娘靠在枕上，笑看着他："不许写那个秦少游痴迷的红尘金粉。"

"这是当然。我与夫人千山一道，风雨同担，也不写风雪。"

苏学士诗词之上，承古革今，雄健词风更破了"诗庄词媚"的传统格局，只是红尘不好，风雪不好，更不好是山东大汉高歌的"水调歌头"。

他正思索间，二十七娘咳了一声道："苏郎给我写个祭文。"

苏子瞻笔尖一顿，朝云已掩袖哭着出去了。

二十七娘用指尖将砚台往他笔下推推，示意他速速落笔。

"我恐郎君深情，怎奈黄泉路远不许归期，若你身后念我，我听不到一字，可惜。趁我今日尚在，我倚郎君怀中，听君如何念我，岂非美事？"

她已不唤夫君，似要与何人区分开来，面上已浮暮气沉沉，神思倦怠，竟是返照之光。

苏子瞻捏紧笔尖，一任墨流如泪，哑声念道："昔通义君，没不待年。嗣为兄弟，莫如君贤。"

二十七娘蓦然睁开眼，挣扎着要掀翻那墨："谁要与你做兄弟！"

苏子瞻揽紧了她，埋在她肩头，一字一字咽着泪道："从我南行，菽水欣然。汤沐两郡，喜不见颜。我曰归哉，行返丘园。"

二十七娘喃喃道："我曰归哉，分道扬镳。"

她仰头想亲亲苏子瞻的唇角，却没力气，几乎感受不到的一个吻，从颔角滑落到他修长脖颈。

她丧气道："算了，别念了。你给别人写，也给我写，还会再给别人写。给我的和别人的，总是一样的。"

"我实少恩。"

"嗯。"

"惟有同穴，尚蹈此言。"

角枕粲兮，锦衾烂兮。百岁之后，归于其居。

二十七娘笑了笑，好似不甚在意，又似困极，她合上双目，让他为她录下绝笔："夏之日，冬之夜。冬之夜，夏之日。君无念我，多加餐饭。"

四

二十七娘去世后，苏子瞻遣散身边人，唯独朝云不肯去。

"我也可陪先生越水翻山。"

她说到做到，柔弱之姿，学着她曾见过的那位夫人一样，不攀不附，做苏子瞻颠簸仕途的一寸支撑。

她学得实在好，人人都称赞朝云貌美心慧，酒酣之时苏子瞻也夸她与自己心意相通，实为知己。

可是他再也不谈"行返丘园"，只一径朝着碧落穷处行去，不问归途。

"我的归途，已断在了立春没落的那场雪里。"

弟弟与他通信，在信中问他可有再娶之意，是否要扶那知心人为妻。

"我与朝云，实为知己。然二十七娘于我心上，相思成林，已无尺寸之地可立她人。他年我没，切记葬我于二十七娘之畔，行返丘园，虽死同穴。"

二十七娘故去第八年，苏子瞻行至一生终途。

东坡居士名留史册，诗词书画领袖文坛，政绩美食流芳后世。世人摹得东坡诗词千余首，分予二十七娘的笔墨不过寥寥数笔，朴实无华，少有人闻，远不及他为他人所写辞藻丰盛。

然而岁如江涌，洗去无数风流。苏子瞻对二十七娘是否实少恩，也许——

"惟有同穴，尚蹈此言。"

唯有春风最相惜

※ 岑 思

> 没想到临川先生一生辞章周正，也有如此旖旎情思、年少风流的时候。

"小姐当真不去看看表少爷？"

她攥着帕子不回头："他算哪门子的表少爷？"

小侍女捂着嘴咪咪地笑："是奴婢错了，那小姐要不要去看姑爷？"

她气急，转身要去拧她。

春风吹起木亭的纱帘，杏花簌簌地落了，坠在潺湲清溪里。层层翠色山石间，青衿士子信步而来。父亲与他在谈些什么，他不经意抬头，正撞进她好奇的探询里。他笑了笑，目光疏淡，木亭檐角上的风铃清脆地响着，她脸上一热，忙不迭地躲进纱帘里。

次年春，金溪吴家嫁女，吴家是金溪大族，而吴家小女嫁的正是临川王氏的公子王安石。这对璧人说是表兄妹也不算错，虽然隔了几代血亲，那份亭亭卓然的气质却是亲近的。

吴氏初为新妇，行事处处忐忑小心，王安石却看透她的心思，几番宽慰她。婚后的日子安静惬意，王安石醉心诗书，性子又格外耿直，一心求学入世以济天下，他最看不惯士子们流连楚馆。有时吴氏觉得他太不解风情，楚台楼月连着临川山水，他从未与她同看过；他虽有辞章华彩，也没为她写下赞词；闺中画眉这样的闲情更是不必想了。

她是世家女子，这种事自然不能与外人言，所有小抱怨只能道与母亲。

母亲梳着她的发："不解风情何尝不是好事呢。"

她不解，母亲却不愿再答，桃木梳轻轻滑过，堂风和暖，教人恍惚觉得又是出嫁那日，有人为她梳起发髻，三千青丝束起，从此她的一切都将付于夫君。

吴氏随他赴京赶考，王安石十几载寒

窗,终于进士及第。隔年,她诞下麟儿,取名王雱。而后他赴任淮南,江南的空气缠绵湿润,春柳如烟,一场春雨吹落一地碎花。他们又有了女儿,那样粉雕玉琢的孩子戴着小巧的金锁片,咿咿呀呀教人心怜。

她在廊下绣花,看夫君抱着孩子眼睛还不忘看经义,孩子牙牙学语踢乱了他的冠冕,手上沾了墨汁,在他的书上摁下胖乎乎的手印。他放了书卷,捉着孩子的手放声大笑,她也禁不住莞尔。

春水碧于天,画船听雨眠。雨后初晴,着绿罗裙的小姑娘拎了花篮叫卖,他终于知道给妻子买一枝带露的杏花。这样美的江南景致,倒也衬得这个不懂风情的夫君不再那么木讷。

这些年他连个侍妾也没有,文人宴饮相和时免不了以此为玩笑。旁人送的侍妾他都婉言谢绝,吴氏派给他一个婢女,他可怜那女子的身世,竟拨了钱为她赎身。吴氏不禁哭笑不得,与相谙的女伴说及此事,那些平素庄重娴雅的夫人们竟不由羡慕起来。

天下士子哪个不是情思脉脉柔情缱绻,美人在怀处处风流?她自幼通读诗书,知道名士多有情,然名士亦薄情,杜牧之青楼薄幸,白居易歌姬满府,至于府里只有一位夫人的房玄龄一生无妾,也多半是因为那位连皇帝的毒酒都敢喝的夫人。

她忽然想起母亲的话来,"不解风情何尝不是好事呢"。

三

后来,王安石擢为京官,任参知政事。宋朝积贫积弱,国税匮乏,他公事繁忙,眼见着日日憔悴下去,她想劝,话到嘴边却终究没有说出口。

她不是没有见识的闺阁妇人,修身齐家治国平天下,这是天下士子不绝的理想。这是她的夫君,她不能为他解朝堂之忧，可家中那盏灯永远为他亮着，稚气的小儿女睡熟了，她始终在桌边等他回来。

一朝天子一朝臣也好，宦海失意小人攻讦也罢，山川更改，岁月长流，她终究是要和他相守到白头的。

新法失利，他被贬江宁，她与他同去。儿子早慧，与父亲一样年少中举，意气勃发；女儿柔顺恭婉，已许了好人家。原来时光过得这样快，他们竟也老了。

"这么些年，为功名所缚，未曾好好待你。"他不无歉疚。"楚台风，庾楼月，宛如昨。无奈被些名利缚。无奈被他情担阁。可惜风流总闲却。"还好光阴未尽，江南的春花年年还会再开，而他们相守的日子还那样长。

她与他论诗填词，在柳荫里对弈，夏风轻举，小荷清圆，他这才惊觉她竟有这样的文采，诗风清新，小令也作得洒脱可人。

至于他，"柳叶鸣蜩绿暗，荷花落日红酣。三十六陂春水，白头想见江南"，年轻时诗词作得峻峭，老来却平和安顺许多，许是光阴短了就愈发珍惜青山绿水，珍惜眼前人。

四

那日下棋，她忽然道："惆怅武陵人不管。"

他一时错愕，却见她嘴角含笑："竟没想到临川先生一生辞章周正，也有如此旖旎情思、年少风流的时候。"

他不禁失笑，这原本是偶然作的半阕词，无意讲给友人听过，如何入到她耳里？

她执了棋子，一下下在棋盘上敲着，声音不疾不徐："听说你30年前曾喜欢一个女子，并写长短句赠之，我只记着后半段'隔岸桃花红未半。枝头已有蜂儿乱。惆怅武陵人不管。清梦断。亭亭伫立春宵短'。"

她轻落棋子："可惜断章不能赠予美人，夫君30年前所喜的妇人不知是谁呢？"

他望着偏头而望的她哑然失笑。

岁月匆匆，她确实老了，然而还是美人。他记得她最好的样子，宝髻绾就铅华妆成，颊上红云晕染，羞怯得不敢看他。他也记得她年少的婉静姿态，记得吴家花苑的初见，眸如秋水的少女，如云的鬓发遮在耳边，微露出一点如玉耳垂，半倚帘栊朝他望着。这就是他将来的妻子了，他朝那少女一笑，她却像一只轻蝶般倏忽不见了。

那日的春风熏熏然吹起帘栊，吹进此后每一夜的梦里。

唯有春风最相惜，一年一度燕归来。30年前所喜一女子，如今已成旧梦了，那个他曾喜欢过的女子是否还在呢？当年的缥缈心绪促使他偶然作词，30年前与她相遇，而后的30年花开落雪、北雁南飞，都是她与他同看的。

"辞章周正"，她这样说是嫌弃自己太不解风情罢。的确，世上有那么多丈夫为妻子写就旖旎深情的辞章，他确是太木讷了。他的情不多，只够全部给一个人；他的人生不长，只够和一个人在一起。

经典漫游

岁月走走停停，把千年风雅点一朵涟漪

问弦中和琴，谁谙太古音

✽ 荷衣蕙带

> 有微风轻扬卷起水面浮动的音符，琴音似水波轻漾，余韵悠长，引人发太古幽思。

青砖铺就的小道上，身着常服的潞王朱常淓正缓步走向斫琴室，他的身后跟随着一名太监装扮的侍从。斫琴室内，两位斫琴师看到来人，忙起身恭敬行礼。年龄不过二十出头的朱常淓不甚在意地摆摆手，让两位斫琴师不必多礼，便走到了放置古琴的案几前。

案几上的古琴尚未完成，但已经可以看出与历代传世古琴的样式有所区别：整张琴制体圆厚，线条方折，琴首端作二切角，琴尾冠线作环云状，看起来端方而别致。朱常淓命人取来上好的丝弦，准备进行斫琴的最后一个步骤——上弦。他先上了五弦，定准之后，再上六弦与七弦，然后才是一、二、三、四弦。待到完成一切工作，他便命人将新制的古琴送到荷花池的水榭中，自己则去沐浴更衣，准备试琴。

水榭内，博山炉冉冉袅起细烟，朱常淓凝神静坐，原本清隽的面庞多了几分肃穆。他缓缓起手，轻拢慢捻间，散音深沉旷远，泛音清冷飘逸，按音则缥缈多变，有微风轻扬卷起水面浮动的音符，琴音似水波轻漾，余韵悠长，引人发太古幽思。一曲罢，朱常淓微勾唇角，牵出一抹笑意，显然非常满意自己所斫制的琴。

琴名为中和，这也是朱常淓的字，他以此来命名自己斫制的古琴，看似随意,实则另有深意。《礼记·中庸》中写:"中也者,天下之大本也;和也者,天下之达道也。致中和,天地位焉,万物育焉。"这段话的意思就是,中是天下的根本,和是天下共同遵守的法度,达到了中和的境界,天地各安其位,万物有序生长。他是希望自己设计的古琴也能顺应自然,达到中和的境界。

朱常淓在他的琴谱《古音正宗》里曾详细描写过中和琴的制式,称他的琴是按照日月星辰的天象而设计的:额起八棱,代表着立春、春分、立夏、夏至、立秋、秋分、立冬、冬至八个节气;腰起四棱,代表着春、夏、秋、冬四季;琴的底部龙池上圆、凤沼下方,寓意着天圆地方;琴尾作环云,抚尾作双星,取景星庆云之意。景星是德星、瑞星,现于有道之国;庆云则是祥瑞之云。琴的名字结合琴的制式也隐含着他对天地有节、四时有序、时亨运泰、天下平安的祈愿以及对帝王的赞誉。

中和琴的制作沿袭了皇室出品的一贯风格,不惜成本,制作精良。其灰胎使用的是八宝灰,这是一种以金、银、锡、玉、珍珠、珊瑚、孔雀石等多种贵重金属与宝石研磨成粉,掺于鹿角霜中与生漆混合制成的漆胎。使用这种漆胎的琴,外观看起来有高贵冷艳的气质,弹奏时音色有穿透力,隐含金石之声。上好的灰胎、顶级的丝弦造就了中和琴醇和的音色,因而一经面世就惊艳了世人,又因是由潞王朱常淓所斫制而被世人称为"潞琴"。

斫制好第一张中和琴之后,朱常淓又参与制作,监制了数张中和琴,每一张琴他都命人按顺序做了编号。他对自己斫制的中和琴非常满意,还特意将琴送入京中献给了崇祯帝。音色上佳、寓意吉祥的中和琴果然深得崇祯的喜爱与重视,他不仅愉快地收下了送来的琴,还令朱常淓多多制作此琴。

"琴之为器也,德在其中矣",琴在士大夫心里不仅是乐器,也寓意德行,崇祯喜爱的不仅是中和琴的醇和音色,更推崇的是琴之德。他将中和琴作为御赐之物用来嘉奖王公贵胄,也有提醒接受赏赐的人要尊崇美德之意,换句话说就是在赏赐的同时,也提醒他们要牢记忠君爱国的美德。

中和琴出自潞王之手,专作帝王御赐之物,从一面世就注定了它的尊贵与不平凡,可以说中和琴就是琴中的贵族。乾隆《汲县志》中就曾记载:"潞琴驰名于世,相传有三百六十号俱散四方,本邑绝无藏者,亦是憾事。"汲县

（今河南卫辉）是朱常淓的出生地，这里竟然没有留下一张中和琴，足见当时的中和琴是一琴难求。

崇祯七年是不太平的一年，有农民军的起义，山西、陕西的大旱，然而这些对于身居卫辉府的闲散藩王朱常淓影响不太大，这时他还在忙于整理古琴谱，斫制古琴。就在这一年，他编著的《古音正宗》付梓，与此同时，他还精心制作了第六十四号中和琴，这张琴的音色古静清圆，是潞琴中的精品之作。

六十四号琴长120.7厘米，宽18.5厘米，龙池内环刻"大明崇祯甲戌岁潞国制陆拾肆号"，龙池下刻诗一首："月印长江水，风微滴露清，会到无声处，方知太古情。"款刻"敬一主人"（朱常淓的号），下面刻着"潞国世传"的方印。

这张琴制成之后，是留在了潞王府，还是和其他的潞琴一样被赏赐出去，已经没有文字记载。然而，关于潞琴的流传还是可以在清人的笔记里获知一鳞半爪的消息。

明清鼎革后，潞琴开始从明朝的王公贵胄手中流入民间，梁绍壬的《两般秋雨庵随笔》、冯喜赓的《潞琴记》都曾出现过关于潞琴交易和收藏的记载。

一直到20世纪80年代初，苏德荣老师经谢国桢先生的介绍，从中国中医研究院的收藏家张绍重先生手中购得了六十四号中和琴，才令这把琴重新回到大众的视野。如今，六十四号琴收藏于新乡市博物馆。

卫辉市是河南省辖县级市，由新乡代管，朱常淓的父亲潞简王朱翊镠的陵墓就在新乡市凤泉区北郊的凤凰山南麓。六十四号中和琴收藏于新乡，也算是在经历了近四百年的颠沛流离之后，又回到了故乡。

中和琴在当时曾经大规模斫制，琴的具体数量在地方志和明清笔记中都有记载，但是数目却相差甚远，之前提到的《汲县志》里记载的是三百六十张，明末王士禛在他的《池北偶谈》里写："故明潞藩敬一主人，风尚高雅，尝造琴三千张。"清初冯喜赓的《潞琴记》里写："潞王制琴八百张。"众言纷纷，无从甄别。

几经战乱炮火，曾经盛极一时的中和琴大多消失在过去的岁月里，如今留下的屈指可数，也愈加珍贵。琴上"潞国世传"的印记还在，琴音依旧，而潞国早已消亡，才华横溢的年轻藩王也已作古。青山无恙，旧事沧桑，只有传世的中和琴还见证着古琴文化史上的这一段盛景。

他要以自己的笔描摹那个朝代的挺拔与浩荡，即使山河破碎，他也知道这个朝代的价值在哪里。

张择端的春天之旅

✱ 祝　勇

张择端在12世纪的阳光中画下《清明上河图》的第一笔的时候，他并不知道自己为这座光辉的城市留下了最后的影像。

张择端有胆魄，他敢画一座城，而且是12世纪全世界最大的城市——今天的美国画家，有胆量把纽约一笔一笔地画下来吗？

当然会有人说他笨，说他只是一个老实的匠人，而不是一个有智慧的画家。一个真正的画家，不应该是靠规模取胜的，尤其是中国画，讲的是巧，是韵，一钩斜月、一声新雁、一庭秋露，都能牵动一个人的内心。艺术从来都不是靠规模来吓唬人的，但这要看是什么样的规模，如果规模大到描画了一座城市，那性质就变了。张择端是一个有野心的画家，《清明上河图》证明了这一点，铁证如山。

时至今日，我们对张择端的认识，几乎没有超出张著跋文中为他写下的简历："东武人也。幼读书，游学于京师。后习绘事。"这几乎囊括了他的全部经历，除了东武和京师（汴京）这两处地名，除了"游学"和"习绘"这两个动词，我们再也查寻不到他的任何下落。

我们只能想象，这座城市像一个巨大的磁场，吸引了他，怂恿着他，终于有一天，春花的喧哗让他感到莫名的惶惑，他拿起笔，开始了他漫长、曲折、深情的表达，语言终结的地方恰恰是艺术的开始。

有人说，宋代是一个柔媚的朝代，没有一点风骨。在我看来，这样的说法未免草率。

如果指宋朝皇帝，基本适用，但此外要找出反例，也不胜枚举，比如苏轼、辛弃疾，比如岳飞、文天祥，当然，还要加上张择端。

没有强大的内心，支撑不起这一幅浩大的画面，零落之雨、缠绵之云，就把他们的内心塞满了，唯有张择端不同，他要以自己的笔描摹那个朝代的挺拔与浩荡，即使山河破碎，他也知道这个朝代的价值在哪里。

宋朝的皇帝压不住自己的天下了，手无缚鸡之力的张择端，却凭他手里的一支笔，成为那个时代里的霸王。

画的主角是以复数的形式出现的。他们的身份，比以前各朝各代都复杂得多，有抬轿的、骑马的、看相的、卖药的、驶船的、拉纤的、饮酒的、吃饭的、打铁的、当差的、取经的、抱孩子的……他们互不相识，但每个人都有着自己的身世、自己的心境、自己的命运。

他们拥挤在共同的空间和时间中，摩肩接踵，济济一堂。于是，这座城就不仅仅是一座物质意义上的城市，而是一座"命运交叉的城堡"。

在这座城市里，没有人知道，在道路的每一个转角，会与谁相遇；没有人能够预测自己的下一段旅程；没有人知道，那些来路不同的传奇，会怎样混合在一起，糅合、爆发成一个更大的故事。

他画的不是城市，是命运，是命运的神秘与不可知。画中的那条大河（汴河），正是对命运神秘性的生动隐喻。

这幅画的第一位鉴赏者应该是宋徽宗。

当时在京城的张择端把它进献给了皇帝，宋徽宗用他独一无二的瘦金体书法，在画上写下"清明上河图"几个字，并钤了双龙小印。他的举止从容优雅，丝毫没有预感到，无论是他自己，还是这幅画，都从此开始了颠沛流离的旅途。

北宋灭亡几十年后，那个名叫张著的金朝官员在另一个金朝官员的府邸，看到了这幅《清明上河图》。尽管它所描绘的地理方位与文献中的故都不是一一对应的，但张著对故都的图像有着一种超常的敏感，就像一个人，如果暗藏着一段幽隐浓挚而又刻骨铭心的深情，对往事的每个印记，都会怀有一种特殊的知觉。北宋的黄金时代，不仅可以被看见，而且可以被触摸。

他没有在自己的跋文中记录当时的心境，但在这幅画中，他一定找到了回家的路。他无法得到这幅画，于是在跋文中小心翼翼地写下"藏者宜宝之"几个字。

　　金朝没能从胜利走向胜利，在它灭掉北宋一百多年之后，这个不可一世的王朝就被元朝灭掉了。《清明上河图》又作为战利品被卷入元朝宫廷，后几经辗转，流落到学者杨准的手里。但《清明上河图》只在杨准的手里停留了一段时间，就成了静山周氏的藏品。

　　到了明朝，《清明上河图》的行程依旧没有终止。宣德年间，它被李贤收藏；弘治年间，它被朱文正、徐文靖先后收藏；正统十年，李东阳收纳了它；到了嘉靖年间，它又漂流到了陆完的手里。

　　《清明上河图》变成了一只船，在时光中漂流，只是那船帮不是木质的，而是纸质的。它宣示着河水的训诫，表达着万物流逝和变迁的主题，而自身却成为不可多得的例外。

　　纸的脆弱性和这幅画的恒久性，形成一种巨大的反差，也构成一种强大的张力，拒绝着来自河流的训诫。一卷普通的纸，因为张择端而改变了命运，没有加入到物质世界的生死轮回中。

　　张择端不会想到，命运的戏剧性，最终不折不扣地落到了自己的身上。

　　张择端的结局，没有人知道，他的结局被历史弄丢了。他自从把《清明上河图》进献给宋徽宗那一刻，就在命运的急流中隐身了，再也找不到关于他的记载。

　　在各种可能性中，有一种可能是，汴京被攻下之前，张择端夹杂在人流中奔向长江以南，他和那些"清明上河"的人们一样，即使把自己的命运想了一千遍也不会想到自己有朝一日会流离失所。也有人说，他像宋徽宗一样，被粗糙的绳子捆绑着，连踢带踹、推推搡搡地押到了金国，尘土蒙在他的脸上，鲜血几乎遮蔽了他的目光，乌灰的脸色消失在一大片不辨男女的面孔中。

　　伟大的作品都是由人创造的，但伟大的作品一经产生，创造它的那个人就显得无比渺小、无足轻重了。

　　时代没收了张择端的画笔——所幸，是在他完成《清明上河图》之后。而不幸的是，他的命，在那个时代里，如同风中草芥一样，一钱不值。

张岱的奶茶

✿ 马庆民

> 把茶汤倒入白瓷碗中,茶叶和茶水就像是一枝枝水中兰花和白雪一同倾泻而下。因此,张岱将其命名为"兰雪茶"。

张岱对茶情有独钟,对水近乎痴迷。他在《陶庵梦忆》中记录了自己与一位茶友"斗智斗勇"的趣事。当时南京桃叶渡有位出名的茶道高手闵汶水,他甚至不必品茶就能辨别出茶的种种。张岱久闻其名,便去拜访。两位茶道中人,从茶叶、制法和泡茶用的水,都"较量"了一番。结果,闵汶水说,他七十年来从未见过像张岱这样精通赏鉴茶水的人——张岱对水的研究,可见一斑。

其实张岱天生就有一条挑剔的舌头,有超乎常人的敏感味觉,不管是哪里的水,他只要尝过就绝对认得出。

十七岁那年,张岱偶然遇到了自己的心动之水。有一天,他经过斑竹庵,因口渴就到庵内的古井里取水喝,尝过一口,顿感"磷磷有圭角",看水的颜色,"如秋月霜空,噀天为白;又如轻岚出岫,缭松迷石,淡淡欲散"。井口处有模糊的字迹刻痕,仔细辨认,是"禊泉"二字——"书法大似右军",很有王羲之的神韵。

这口看似平平无奇的古井水,成了张岱心目中胜却人间无数的"水中贵族"。"取水入口……若无水可咽者",只有喝过才知道禊泉水的奇特和美妙。

这样的好水当然不能浪费,张岱赶紧试着用它来泡茶,结果意外发现,茶香由清冽的泉水一引,清新扑鼻,完全没有茶涩味。他给出了自己的评级——比起会稽陶溪、萧山北干、杭州虎跑,禊泉水无疑名列三者之上。

当然,这也为他以后调制"奶茶"埋下了伏笔。

张岱家乡位于会稽山日铸岭,曾是越王勾践之父派人铸剑之处,当地有一种名茶,"芽长寸余,自有麝气",叫作日铸雪芽。很多人认为日铸雪芽喝起来有金石之气,与众不同。早在宋代,日铸雪芽就被选为贡品,有"越州日铸茶,为江南第一"的美誉。

北宋文坛盟主欧阳修曾称赞说,两浙一带的茶叶,当以日铸茶为第一;南宋状元王龟龄也在《会稽风俗赋并序》中说:"日铸雪芽,卧龙瑞草。"因为这二人的美誉,日铸茶名声大起。

但到了张岱出生的明代,安徽的松萝茶因制法先进,口感独特,在市场上迅速崛起,因此把"江南第一"的日铸雪芽压了下去。

张岱不甘心自家的名茶没落,决定

要改良日铸雪芽,让它重回"江南第一"的宝座。张岱招募了松萝茶产地的茶人与本地几个技艺高超的师傅,一起来制茶,一切流程都严格按照松萝茶的制作方法,经过"扚、掐、挪、撒、扇、炒、焙、藏"等数道工序的处理,保障了雪芽的品质。

茶做出来后,用普通的泉水来冲泡,竟无一丝茶香,只有禊泉水才能泡出香气,但香味又过浓。于是,张岱添加了秘密佐料——茉莉花来调配香气,再用他独特的泡茶手法——先倒入一点沸水,等沸水凉透后,再用沸水猛冲,淡淡的茶香便氤氲而来。

经过多次试验,张岱终于找到了最佳搭配方法。冲泡出来的雪芽"色如竹箨方解,绿粉初匀;又如山窗初曙,透纸黎光",仅凭颜值,就足以令人赏心悦目了。

"取清妃白,倾向素瓷。"把茶汤倒入白瓷碗中,茶叶和茶水就像是一枝枝水中兰花和白雪一同倾泻而下。因此,张岱将其命名为"兰雪茶"。

兰雪茶既保留了雪芽的颜色,又调制出独一无二的香气,一经推出,便引起轰动,火速占据市场,直接超越松萝茶成为越中茶叶市场最主流的产品。

几年后,兰雪茶的身价被越抬越高,就连徽州和歙州的松萝茶,为了迎合大众,也改名叫"兰雪茶"。

如此成功,张岱满足了吗?当然没有。平淡无奇的一天,张岱端着一杯"兰雪",突发奇想:"我喝过奶,喝过茶,但还没喝过奶茶。"于是,张岱有了做奶茶的想法。

做奶茶需要优质的奶。张岱认为市场上售卖的"气味已失",于是干脆"养牛取乳"。夜里把刚挤出来的新鲜牛奶静置,待第二天清晨,乳脂分离,并凝结出奶皮;然后以乳汁一斤、兰雪茶四瓯,掺和置于铜壶,久煮至黏稠;最后,"玉液珠胶,雪腴霜腻,吹气胜兰,沁入肺腑,自是天供"。这便是张岱的"兰雪奶茶"——茶香清淡,奶香浓郁,还是绝对的私人纯手工制作。

张岱的奶茶实在太撩人了,仅看文字就足以令人垂涎欲滴。但很可惜,真正的"兰雪奶茶"早已失传,我们无福品尝。

现如今,大街小巷的奶茶店比比皆是。可却少有人知,其实早在几百年前,张岱的"兰雪奶茶",就已经色香俱全了。

随梳伴镜拂尘埃

✳ 张 觅

梳篦，又称栉。齿稀的称"梳"，用于头发梳理；齿密的称"篦"，用来清理发垢，保持头发清洁柔亮。梳篦还有一个古静清雅的名字，叫作"落尘"，又名"洛成"。令人不由得想起凌波微步、罗袜生尘的洛神。

梳篦用骨、木、竹、角、象牙等制成。普通人家的少女，多用木梳，而富贵人家的少女，用的则是玉梳、象牙梳、金银梳等。唐代罗隐《白角篦》云："白似琼瑶滑似苔，随梳伴镜拂尘埃。"说的就是贵族女子的梳篦了。那白角篦洁白如玉，滑如青苔，随女子揽镜梳妆，细细拂去尘埃，是女子心头的精致爱物。

美人梳妆，自然少不了梳子。一头如云乌发瀑布般洒下，雅致小梳轻轻梳过，如梳过流水的光阴。女子青丝绕指柔，玉梳理云鬓，俨然一幅明丽的美人梳妆画。"闲读道书慵未起，水晶帘下看梳头。"元稹淡淡一句，旖旎风情尽显。

小小一把梳篦，梳上女子如云一般秀妍的乌发，便可梳出千变万化的发式来，如朝月髻、凌云髻、飞天髻、垂云髻等等。梳篦也可当作发饰插于发髻上。魏晋以来开始流行在妇女头上插梳之风，贵族女子的头饰都以梳篦为主，简洁大气。女子常常是用梳篦对镜子理妆，等待梳好了发髻，便往乌黑秀发上一插，这梳篦便成了绝美的发饰。

插梳之风至唐更盛。到了晚唐、五代、宋代，女子头上插的梳篦越来越多，唐代女子插梳有多到十来把的。梳篦一般单插于前额、髻后，或者分插左右顶侧。宋代陆游《入蜀记》记载当时西南一带的女子便在髻后插大象牙梳，如手掌大小。

也有不用梳篦的美人。宋代《奚囊橘柚》中记载："丽居，孙亮爱姬也，鬓发香净，一生不用洛成。"想

闺中女子的首饰盒中，必有一枚梳篦。细细的梳齿，如女子千回百转的细密心事。

那绝代美人，发丝清亮柔润、芬芳浮动，不用篦梳篦去灰尘油脂也自然洁净，当是和"冰肌玉骨，自清凉无汗"的传说一般了。不过当时也有人怀疑她虽然不用梳篦，但可能有梳篦的替代物：辟尘犀钗子。

宋代吕胜己写过一首《鹧鸪天》，其中有句："一夜春寒透锦帏。满庭花露起多时。垒金梳子双双耍，铺翠花儿袅袅垂。"料峭春寒，凉意沁进锦帏来，起来看时，满庭院都是被露水打湿的鲜花。女子随手在头上插上了一双镶金梳子作为发饰，发髻上簪着的带叶子的花儿袅娜地垂下来，是极其柔美婉约的画面。在他的另一首《鹧鸪天》中，他也写到了梳子："日日楼心与画眉。松分蝉翅黛云低。象牙白齿双梳子，驼骨红纹小棹篦。"

梳篦在我国古代的寓意很多。结发同心，以梳为礼。送梳篦有私订终身、白头偕老的意思，包含着甜蜜爱意与美好祝福。

现代的女孩依然有对于梳篦的情怀，只是用篦很少，都是用梳了。去上大学时，妈妈送我一枚檀木梳。那时我有一把漆黑发亮的长发，还未烫染过，散发着洁净的气息，如同春天的轻柔柳枝一般。临睡前，我都坐在床前，用檀木梳慢慢梳着长发，一缕缕的清凉，如夜风一般漏过指间，像是梳着一弯流水一般顺畅。

那时天气很好的时候，女孩子们喜欢洗完头发，站在阳台上晒太阳。我也是如此。湿漉漉的头发披在肩上，闻得到头发被太阳烘烤出的温暖的馨香味儿。有一次偶然抬头，往旁边的阳台一望，隔壁寝室的女孩子正垂着头，用梳子细细梳理她那一头长发，乌色丝缎一般，映得她手白如玉。

倏忽之间，我心中便温柔地浮现了许多关于梳篦的美好诗句来。

一曲新瓷

✽旋炒银杏

一

唐代一位诗人曾亲眼见证瓷器烧制完成的场景，松木燃烧到极致后的余温在那个瞬间释放，空气中水雾蒸腾，在雾气之后的就是初临世间的越窑瓷器。他这样形容所见瓷器："九秋风露越窑开，夺得千峰翠色来。"新瓷堆积成山，色泽如梦似幻，似夺尽千峰翠色，动人心魄。

新瓷精妙，只需历经岁月轮转后添上几分厚重，就足以成为后人眼中的前朝珍品。当陈旧的统治被颠覆，废墟上建立起新的王朝，到那时，倘若它们还有机会重临世间，便可将当年的故事娓娓道来了。

二

北朝青瓷莲花尊比南朝青瓷莲花尊的出土早了二十四年。二者外形相似，通体遍布莲花花瓣装饰，釉色温润，层次丰富，轮廓柔和，装饰华美。莲花纹饰让人很容易将其与佛教联系起来，据考证，莲花尊应为南北朝礼佛时所使用的陈设供器，当人们垂首跪拜，虔诚祈求，身侧就摆着这样一对典雅的青瓷莲花尊。

南北朝时佛教思想兴盛，自上层贵族到普通百姓，都以崇佛为荣。北朝有孝文帝下令开凿龙门石窟；宣武帝命人兴建佛寺；灵太后遣僧尼去西域朝礼佛迹，访经求典……杨衒之所著《洛阳伽蓝记》中记载了洛阳城中的佛寺兴废，说极盛之时，洛阳城内外佛寺竟有一千三百余所。这样的社会风尚体现在瓷器的烧制上，便有了北朝莲花尊。

北朝青瓷莲花尊出土于河北景县封氏墓，封氏在今天的知名度远不如琅琊王氏、陈郡谢氏之流，但在北朝时也曾煊赫一时。封氏兴于后汉，盛于北魏，出过三公，有过宰相，族中出仕任高官者足有六七十人，若不然，如何能以如此珍贵的莲花尊陪葬墓中。

南朝就更不必说，"南朝四百八十寺，多少楼台烟雨中"，描绘的就是当时南朝国土上寺庙林立的现象。南朝帝王对佛教的信奉程度比北朝有过之而无不及，宋孝武帝让僧人参与政事，齐武帝之子平生著多部佛教讲论，梁武帝前后四次舍身出家，陈武帝四次举办布施僧俗的大斋会，亦曾于寺庙舍身。

南朝青瓷莲花尊出土于南京灵山南朝墓，关于这座墓的主人是谁，至今众说

> 百年前英雄红颜，百年后枯骨荒坟，珍瓷还在那里静静注视，人间已换了天地。

纷纭，有人认为是陈文帝陈蒨，有人则认为此墓从形制来看不可能是帝陵。但南朝青瓷莲花尊是整个南北朝同类器物中最大的也是最精美的，一直有"青瓷之王"的美誉，在瓷器烧制工艺并不那么高超的时代，能拥有这样的陪葬品，墓主人即便不是帝王，也一定是达官显贵。

三

"定州花瓷瓯，颜色天下白。"在宋代五大名窑中，定窑以白瓷见长，闻名天下，深受文人墨客的追捧与喜爱。其实早在南北朝时，就有人尝试烧造白瓷，后来南北朝乱世终结于大一统王朝隋朝，萌生于南北朝时期的白瓷烧造工艺也在隋朝臻于成熟，一批色泽莹润的白瓷被烧造出来，代替此前的青瓷，成为当世追捧的新风尚。

今人可以借隋白釉双螭柄联腹传瓶一窥隋朝白瓷的精美动人之处。人们初次见到这个白瓷瓶，是在一个九岁小女孩的墓中，她的身份高贵，随葬品规格极高，在发掘其墓葬的过程中，出土了大量的金银器、宝石、玉器、瓷器，其中少量的白瓷更是珍品中的珍品，双螭柄联腹传瓶胎薄釉润，精巧灵秀，无疑代表了当时白瓷制作的最高工艺。

这个小女孩的名字叫作李静训，之所以说她身份高贵，是因为她乃两朝皇室之后。李静训的外祖父是北周宣帝宇文赟，外祖母是隋朝乐平公主杨丽华。建德二年，杨丽华嫁给北周太子宇文赟，五年后封后，膝下仅宇文娥英一女。一年后宇文赟去世，杨丽华为太后，次年杨丽华之父杨坚篡北周建隋朝，杨丽华由北周太后变为隋朝公主，宇文娥英则由北周公主变为隋朝宗室女，多年后宇文娥英成婚，生有一女，即李静训。李静训的身上流淌着北周和大隋两姓的血脉，并且她的父系李氏亦为望族。

但李静训墓葬中能有数量众多的豪奢随葬品，不单单因为她的身份，更因为父母和祖辈对她的爱护，尤其是她的外祖母杨丽华。自隋代周后，杨丽华对独女多有怜惜，若还在前朝，她的女儿也该是公主呢，所以当她的独女也有了孩子，她将满腔爱怜都放在了这个小女孩身上，亲自将李静训接进宫抚养。

可惜大业四年，年仅九岁的李静训因病而逝，杨丽华哀恸之余，以厚礼将外孙女下葬，她将无数珍奇异宝放进李静训的墓中，又在石棺上刻下"开者即死"的字样，希望能永久守护外孙女在另一个世界的安宁。千年后，李静训的墓葬还是被开启了，与之一同被人们看见的，除了那个精致的白瓷瓶，还有亲人们对她恒远的爱。

四

2014年，明成化斗彩鸡缸杯出现在一场拍卖会上，创下了中国古瓷器拍卖的最高成交纪录。成化斗彩鸡缸杯是明朝成化帝御用的饮酒杯，制作工艺复杂，烧成极为不易，早在明末就有"成杯一双，值钱十万"的说法，经数百年风霜洗礼到达今日，其价值自然更为不菲。

"牡丹丽日春风和，牝鸡逐队雄鸡绚。"鸡缸杯杯身小巧，通体洁白，外壁绘有子母鸡两群，鸡群在湖石、月季和幽兰间追逐玩闹，色彩鲜艳，颇富趣味。杯上的图案来源于宋人所画《子母鸡图》，成化帝见到画中小鸡依偎在母鸡羽翼下的画面，顿时想起了他与万贞儿相依为命的日子，当即让人以此图案烧制瓷杯。

万贞儿是成化帝黯淡童年里少有的光。成化帝幼年时，其父明英宗御驾亲征瓦剌，战败被俘，孙太后便立成化帝叔父明代宗为帝，次年瓦剌放归明英宗，代宗为保皇位，软禁英宗父子，废去成化帝太子之位，立自己的儿子为太子。那几年成化帝受尽欺凌，身边只有比他年长十七岁的宫女万贞儿照料起居，全靠万贞儿悉心照顾才安然度过那些日子。

七年后代宗病重，英宗趁机复辟，成化帝得以回到宫中，万贞儿与之随行，此后也一直待奉在他身侧。天顺八年，英宗驾崩，成化帝继位。不知何时，他爱上了这个曾于危难中真心爱护过他的女子，暗自决心要娶万贞儿为妻。不管身份悬殊，不畏年龄差距，不怕世俗非议，成化帝力排众议要立万贞儿为皇后，然而即便帝王之尊亦不能达成所有心愿，朝臣之女吴氏成为新后，万贞儿被封为贵妃。

不久后吴皇后因嫉妒杖责万贞儿，成化帝不顾朝野上下的反对怒而废后，宫中再也没有人敢找万贞儿的麻烦。成化二年，万贞儿生下皇长子，孩子十个月时夭折，此后万贞儿再也无法生育，他待她的心意却始终如一，始终专宠。成化二十三年万贵妃病逝，成化帝辍朝七日，于同年八月病逝。

万贞儿爱瓷，鸡缸杯是他给她的礼物，里头藏着未出口的话："贞儿，你对我的回护，我永远不会忘记。"

五

一对没有生命的瓷尊，一只没有灵魂的瓷瓶，一个没有意识的瓷杯，在它们历代主人身边，盛满了主人的爱恨痴怨，也见证了后世人间千百年盛衰。百年前英雄红颜，百年后枯骨荒坟，珍瓷还在那里静静注视，人间已换了天地。

然而，它们是不在意的，人间日月与它们无关，它们在各个名贵精致的博古架上旁观光阴流逝，到头来，到头来——只有它们会成为永恒。当斯人逝去，那些往事它们还记得；当星移斗转，那些衷情它们还在如歌般诉说。

脂砚传奇

※ 杨紫陌

此砚辗转于红尘中，宛如素卿一颗不泯的心，与世人低语诉说前尘往事。

明代万历年间，兰溪才女陆静，"以脂笔书字，落红满纸"。坊间传说这白纸红字即从她始。真是有创意。许是写字的时候，笔蘸错了地方，一不小心落到了水粉胭脂盒里，结果却造就了一场惊艳。

蘸着饱满的胭脂，落笔于纸上，所写的文字，称为脂笔。那一种风华，与那薛涛的红笺小字相比，亦更有一段温柔。脂砚，一是指胭脂作墨，即那砚里调的并非墨，而是胭脂；二是说砚本身，即明代江南名妓薛素素曾经用过的砚，名字叫作"脂砚"。

而真正有故事的正是薛素素的砚。

薛素素的这方脂砚来历曲折且风雅，是明朝才子王稚登送给薛素素的旧物。

这方砚，因砚身有一抹胭脂色，故而得名，是两人传情之物，所以仅此一枚，神秘而有身价。

吴万有本是苏州砚匠，秀儒文士常来他这里寻一些文房雅器。一日，王稚登信步来访吴万有，江南的春天，繁花欲败，叶暗红稀，这时吴万有拿出一方小端砚来，在锦字格的窗下，王稚登看到了这方端砚，砚身小可盈握，砚质也细，隐约可见胭脂晕及鱼脑纹。

王稚登一看便喜欢上了，他仔细地打量那砚，小砚宽一寸五分许，高一寸九分许，砚身微呈椭圆形，刻成果状，上端两个果叶左右纷披，尤其是那一点胭脂晕，使他立刻想到了薛素素，只有这样的雅器才配得上她。

那一点胭脂晕色撩拨了他，他即刻买下，并赋诗一首，使人刻于砚背上。

王稚登将此砚以精致的珊瑚红漆盒贮之，并在盒盖子上刻薛素素像及细细暗暗的花纹。

盒子上的素素像凭栏立于帱前，刻功很是纤雅。右上篆刻有"红颜素心"四字，左下落款"杜陵内史"小方印。杜陵内史即仇珠。仇珠在明代的画坛中，是少数很有地位的几位女画家之一，她承其家学，作画常使用原色，大青大绿，色调艳丽厚重，体现了殷实的华丽之美。这与素素画艺大相径庭。

薛素素当年即是用这方脂砚挥洒才情，风花遍野，那一种幽柔，是她精心布的网。

王稚登便是薛素素的网中人。

王稚登是吴中才子。只是这人官运不顺畅，因为才名誉满，曾被人推荐于当朝皇上，却始终未果。后与吴中大画家文徵明交往甚厚。

吴中这个地方真是好，依着太湖流域的鱼米之肥而锦绣繁华、温柔富贵。

薛素素亦生于吴地，为明万历年间的江南名妓。据载，她姿色艳，人多以"素卿"称之。

她能书，工兰竹。素素笔率意，画兰画竹用笔豪放爽快，于不事雕琢中尽显灵秀，行笔草草却有法度。看似漫不经心，实藏机巧。她的作品很少设色，多以白描勾勒，或以墨分五彩加以渲染，满是野逸、典雅之味。她依其画风高逸，与吴中诸名士诗画酬答，交往笃厚。

闲居吴中的王稚登便是其一。

奈何无论怎样用心，王稚登与素素亦不过"蜻蜓飞上玉搔头"，两下里只有"新妆宜面下朱楼"的一个欣喜的照面，原以为是有夙缘的，可是什么也不深刻，什么也没发生。

明代士族门阀观念积厚，名流公子最怕的是将艳名高帜的青楼女子娶回来，为妻为妾。王稚登仕途无果，后来也便息了从仕的念想，江南的温水软山涵蕴着，便也没了少年的激扬，整日在朱门碧树里雕刻光阴。他人亦谨慎，恐是娶此尤物置于屋内，树大招风，压不住阵脚。

柳如是嫁于钱谦益之时，钱谦益已年过半百，他妻又早丧，一切羁绊全无，所以柳如是嫁得顺遂。柳如是在遇钱谦益之前亦情路多艰，当时她决定要嫁给他时，已寻寻觅觅了许久。世人都觉得他们俩是如此恰当，难得一个合适。

可是素卿却没有如此幸运，据传她是数嫁皆不终。

素素居南京期间，为一李姓将军所宠爱。后又有一彭姓官吏，深慕素卿才名，将其骗至湖广边城永顺，费金钱无数，素素终不身许。彭氏恼羞成怒，将其羁留边城十余年才放还江南。

后素素居秦淮河，在此结识一些江南文人士族。嫁过姓沈的豪门，那一段姻缘曾一度是美满静好的。但后来，两人终是不好了，素素离沈家而去。是官宦世家子，难容风尘旧人？还是沈又得新欢，始乱终弃？梦里不知身是客，一响贪欢。待悠然醒转之时，才分明觉得郎已是情疏迹远，自己何时已为这沈家园里一过客。那一种感受是索然，连恨都没有名字。

想必与那沈郎她亦是付出一切而争来的，可最终也争不过命。

素素人老珠黄时，嫁给吴中富家翁为妾。

房深风冷，孤灯照壁，她以绘观音像聊解长岁寂寞。名满海内的佳人，皈依为居士，已是心如枯井水。

这一方脂砚，明代时，是薛素素的。到了清代，它已为热评《石头记》的"脂砚斋"主人所得，砚侧有小字为证："脂砚斋所珍之砚，其永保。"

这行刻字出于谁手，已无从考证，有人认为是脂砚斋的主人自题，另一种观点是认为是曹雪芹代为题记。

我看"脂批红楼"，有几段平实的批语使我感慨，我颇愿相信脂砚斋的主人即为雪芹的红颜知己，一是可证那红楼一梦也不尽是虚无。"良辰美景奈何天，赏心乐事谁家院"，终也是有摹本的。人生至苦至累时，心里可念一念，那公子原本情深，那小姐薄命堪怜。

二可证雪芹潦倒之时，终还有一位于富贵繁华中一起走出来的人儿，相对着，细述过往点滴，两人去掉那诸多藩篱，直面相见，为哭而哭，为笑而笑，为爱而爱。脂批中最著名的几句，亦是我神痴流连的：

"凤姐点戏，脂砚执笔事，今知者聊聊矣，不怨夫？"

"能解者方有辛酸之泪，哭成此书。壬午除夕，书未成，芹为泪尽而逝。余常哭芹，泪亦待尽，每意觅青埂峰再问石兄，奈不遇癞头和尚何？怅怅！"

"今而后唯愿造化主再出一芹一脂，是书何幸，余二人亦大快遂心于九泉矣。甲午八日泪笔。"

"脂砚"身世颇曲折离奇，康熙五十五年，广东人余之儒为求官，便从薛素素后人手中以三间瓦房的代价，买下了脂砚送给曹寅。

曹寅败，脂砚由曹寅之孙曹天佑秘藏。曹雪芹所著的《石头记》，后有身份始终为谜的"脂砚斋"做点评，薛素素的这方砚台从此越发传奇。

曹家彻底潦倒后，脂砚进了北京一家名为"燕轩斋"的当铺，接着就到了收藏家端方手里。端方携带脂砚入蜀。

此砚流落到四川藏砚家方氏手中，从此一度销声匿迹。

此砚辗转于红尘中，宛如素卿一颗不泯的心，与世人低语诉说前尘往事。

分也易分，聚亦难聚，人生转瞬数十载，美人迟暮，刹那芳华。

全民撸猫的宋朝

✤ 马庆民

宋朝人如此看重猫，所以在当时还出现了一套分辨好猫坏猫的理论——相猫术。

猫，一种可爱至极的动物，可以说它是很多现代人重要的"家庭成员"。其实不只是现代，在古代，猫的重要程度也同样不可小觑，尤其以宋朝最有代表性。

猫最早是用来抓老鼠的，而到了宋朝，猫除了抓老鼠的本职工作之外，多了一个与时俱进的属性——宠物功能。当然，这种属性也延续至今。

虽然宋朝的大才子苏轼说过"养猫以捕鼠，不可以无鼠而养不捕之猫"，但他的观点似乎没有得到大家的认同，也就不能影响猫在当时"登堂入室"的地位，更无法阻止宋朝进入鼎盛的全民撸猫时代！

养猫催生新行当

众所周知，宋朝很重视和支持工商业发展，而文化上更是多元开放。当时人们的物质生活富足，精神生活也比较文艺小清新，喜欢喝茶、画画、写诗词以及养萌宠。于是，温顺、可爱、灵气的猫，成了"不二宠选"。

宋朝人将猫统称为"狸奴"，可一旦猫成为自己的"家庭一员"，那"狸奴"就会有更雅的名字，比如雪白的叫作"狻猊"，嘴带斑纹的唤作"衔蝉"等。

如果单从品种来讲，猫自然是有身份等级的。《梦粱录》记载："有长毛，白黄色者称曰'狮猫'，不能捕鼠，以为美观，多府第贵官诸司人畜之，特见贵爱。"可见，"狮猫"是大家比较偏爱的一个高级品种。

《西湖游览志》中记载了这么一个故事：秦桧的孙女儿养了一只"狮猫"，她特别喜爱，可是某一天猫跑丢了，于是发动整个临安府的人帮着寻找，结果半天时间，就发现了几百只"狮猫"……不难看出，在当时，大家不仅喜爱"狮猫"，临安城还有着实吓人的人猫比例。

正因喜猫成风，所以与养猫相关的配套行当，也是日趋齐全，逐步完善。《梦粱录》中记载："凡宅舍养马，则每日有人供草料；养犬，则供饧糠；养猫，则供鱼鳅；养鱼，则供虮虾儿。"据说北宋的开封和南宋的杭州到处都有这种宠物猫市场及猫食市场，从泥鳅、小鱼干到各种肉干，猫爱吃的几乎都可以找到。

当时甚至还出现了一个让我们现代人想不到的行当——"改猫犬"。南宋周密《武林旧事》中记载："猫窝、猫鱼、卖猫儿、改猫犬。"也就是说，当时的人们不仅会为猫提供专门的猫粮，还会为其提供专用的玩具、装饰品等等。而所谓"改猫犬"，就是给猫狗修毛发、剪指甲、掏耳朵……这不就是宠物美容吗？

养猫讲究仪式感

你是不是以为在"猫窝"看中一只猫，再到隔壁"改猫犬"做一番价值不菲的美容，就可以丢下钱，喜滋滋地抱回家中？

其实不然，在宋代，猫不是那么容易得到的。因为当时的猫，都不是买来的，而是"聘"来的。

"聘"与"买"，虽一字之差，仪式感可是完全不一样。要是你想要养一只猫，你就得先写一封聘书，再备上一份聘礼，最后翻开皇历，选一个吉日，才可以把猫抱回家。

这份聘书又被称为"纳猫契"，上面会详细描述猫的大小、长相、颜色，收猫的吉日以及主人对猫的期望与要求……其实主要意思就是主人与猫之间要有个约定，也就是说新主人要对这只猫负责，不能冷落，不能丢弃，不能虐待……这很像今天的合同。

至于聘礼，那就更有意思了。如果聘的猫是别人家猫生的小猫，就要给主人家送盐或者鱼（根据不同地区的习惯，也有送茶叶、大枣等），如黄庭坚在《乞猫》中写道："闻道狸奴将数子，买鱼穿柳聘衔蝉。"可见黄庭坚给别人家的猫妈妈送的是一串小鱼；而陆游则在《赠猫》中写道："盐裹聘狸奴，常看戏座隅。"可见他的聘礼则是名贵的盐。

所有准备完善后，也并不是抱起猫来就可以走，而是要用小"轿子"将小猫抬上，另外还要向主家讨要一副碗筷，以便回家之后，新主人抱着小猫祭拜灶神，祈求一家人能和睦相处。最有意思的是，新主人还要选择一个合适的位置，然后把一根筷子插进去——告诉猫以后就在这里上厕所。

如此隆重聘回一只猫，你以为就万事大吉了吗？其实这只是开始，因为还需要时刻提防危险——偷猫贼。

岳飞的孙子岳珂在《桯史》中记载

了这么一件事：自己养了一只漂亮的小猫，非常喜欢，但突然有一天不见了。他到处找，找了很久都找不到，后来就跟朋友诉苦，这位朋友似乎很内行，唉声叹气地告诉他，这只猫可能被送到城外的"鹭野味"（野味餐馆）去了。

可怜的小猫就这样杳无音信，甚至有可能被人"害死"了，这搁谁不气愤呢？也难怪岳珂将这件事写进史书之中。

养猫要懂点艺术

宋朝人如此看重猫，所以在当时还出现了一套分辨好猫坏猫的理论——相猫术。比如北宋会稽陆佃《坤雅》指出："猫有黄、黑、白、驳数色，狸身而虎面，柔毛而利齿，以尾长腰短、目如金铃及上腭多棱者为良。"

如果你对相猫理论没有一点研究的话，那就很有可能得不到好猫，甚至上当受骗。《夷坚志》就记载了一个故事，说孙三是一名非常厉害的"营销大师"，逢人就说他们家有一只橙色的小猫，整个临安也找不出第二只，但从来不给别人看到。有一天，孙三在门口人多的时候，故意把猫放出去，众人皆被这只猫惊艳到了，都夸好看，一时间传得满城风雨。几天后，来了一位财主想买走，不料孙三竟"欲擒故纵"，说这猫是他的命根子，卖不得。可买家是个爱猫如命的主儿，不断往上加价，最后以超高价买走。谁知抱回家后，发现猫的颜色渐渐变淡，最后变成一个全白猫……真是令人哭笑不得。

不管怎么说，宋朝时，猫反正是挺受大家喜爱的，尤其受那些文人雅士的喜爱。加上宋朝是书画的巅峰时代，所以，猫自然而然地成为画纸上的主角。当时，出现了毛益、李迪、苏汉臣等一大批画猫的名家。

但有一个很奇怪的现象——现在我们看到的宋朝流传下来的"猫图"，画面中总会出现蝴蝶。这是因为猫喜欢抓蝴蝶吗？

答案当然没这么简单。这要从宋徽宗赵佶的《耄耋图》（猫蝶图）说起。猫同"耄"，蝶同"耋"，谐音取"耄耋"之长寿的美好含义，所以在书画界，猫和蝴蝶的元素常用来寓意美好。

除了猫蝶图，还有猫雀图、猫菊图等，这些各种各样的"猫图"，不仅仅是猫天真活泼、极具趣味的真实写照，更包含了作者对生活的美好期望。

总之，宋朝的猫，吃得好，住得好，生活得体面且多姿多彩。它们不仅在家庭中是温馨忠诚的伴侣，还可以入诗词、进画作，代表着一种情感寄托……不得不说，能做一只宋朝的猫，还是很幸福的。

历史书上

魏晋清风入庭院，唐宋明月宴群山

可怜无定河边骨，犹是春闺梦里人

✱ 李怡楚

> 将领战功赫赫，名垂青史。可一场战争几十万人的性命，能被历史记住的，数人而已。

一

自打记事起，我的家乡奉南县便战火不断。

身处长江与汉江之间的小郡县，人口不足万，数十年间，南梁、西魏、西梁、南陈、隋朝各方反复争夺，城头变幻王旗。

久战之地，硝烟经年，战火中的百姓依旧坚韧活着，顽强地延续着血脉与姓氏。

数百年的纷争即将走到尽头，天下一统的曙光渐渐显露，大人物们正在不懈地努力，想着毕其功于一役。

这些宏大的叙述对于草芥小民而言，无疑太过遥远，人们关心的，只是如何能活过今天。

二

我十六岁那年，西梁归附了大隋，陈朝趁机夺取了奉南县。

县令从西梁的官员，换成了陈朝的官员，家乡又一次顶在南北纷争的最前线。

隋朝没有攻打城防坚固的奉南县城，而是改为侵扰城郊的百姓。

庄稼准备收割时,隋朝开始鼓噪要大举南侵,县令挨家挨户地征集壮丁,直接将父亲们从田地里带走。

妇孺老幼躲在山林中,瑟瑟发抖,无暇他顾。

北军最后并未侵袭,是年农时尽误,颗粒无收。

到了冬日,北军又趁风高天燥,偷偷来放火,烧光了过冬的干柴,以及所剩无几的粮食。

次年,北军继续如此骚扰。

人们不得不沿着长江北岸,向下游逃荒。

再往后,放眼望不尽的灾民,一张张青色的脸,跟跄的身形互相裹挟着,一路蜿蜒向前。

不时有人倒于沟壑,远处几条野犬肚子干瘪,绿油油的眼睛,阴冷地注视着跌跌撞撞的行人。

逃荒的第三天,父母带着妹妹走开了,不一会儿又回来,手里多了一个沉甸甸的袋子。

晚上煮了一锅肉羹,我喝了几口汤,似乎嚼到什么细长的东西,猛地明白了,冲到河边树下,死命地呕吐起来。

我再也没有见到过自己的妹妹。

逃荒的第十天,父亲走散了,母亲和我找到一间荒庙。

风卷着鹅毛大雪,从破旧窗洞穿过,呜咽作响,母亲紧紧搂住我,努力用余温维持着我的心跳。

我沉沉睡去,再醒来时,母亲面色紫青,头发和睫毛凝结着寒霜,伸手探向她的鼻翼,已无气息。

我握住母亲的手,它们火一样地灼烧着我。

身体开始暖和起来，四肢滚烫燥热，我褪去了棉衫，觉得快美无比。

于是，我又昏睡过去了。

三

一群士兵救了我，看服饰，是北方隋朝的军队。

他们给了我吃食，帮我掩埋了母亲，问我是否愿意从军。

我当即表示同意，能活下来比什么都强。

我的身份本就模糊，曾是西梁人，又当过陈朝百姓，现在去隋朝当兵，也没有什么要紧的。

有一身遮体的军服，还能吃上两顿饭，恍如隔世。

其间随着老兵们，跟陈朝在长江沿岸来回拉锯，凭借着灵活的身手和逆天的运气，我活过了数次战役，只受了些皮外伤。

这年冬天，前线的气氛紧张起来了，老兵们说，隋朝准备对陈展开大战，三路大军齐发，这回要彻底灭了陈朝。

有将领来我们这里选人，要组成先登营。

我问老兵先登营是做什么的，答曰是攻城敢死队，九死一生，但回报很高，先登者可晋爵，赏百金。

我举手报名，将军拍了拍我的胸膛——吃了一年的饱饭，无比的壮实。

将军很满意，带着我和另外几百人去了中军。

帐前大纛上写着巨大一个杨字，后来我才知道，主帅是越国公杨素。

出征之前，杨素当众杀了几十名士兵。这些士兵日常犯过军纪，此时一并斩杀，为的是战前立威。

校场上血流成河，主帅谈笑自如，眼皮都不眨一下，士兵们站得笔直，不敢发出一丝声响。

战事展开后，水陆并进，我随步兵沿长江北岸进击陈朝重镇白沙。

守军知道此处若失，则长江防线门户大开，拼死守护。

从清晨攻到中午，城前堆满了战死的士兵，白沙城依旧浴血屹立。

四

主帅杨素赶到了阵前，从先登营里挑选出二百精锐，继续攻城，若有敢退回者，当场斩杀。

第一波二百人很快死在箭雨中，第二波上去，瞬间全数伏倒。

第三波亦如是，很快轮到了我所在的第四小队。

主帅阴冷的目光注视着我们，要么先登，要么战死。

队伍沉默地整理着装备，迅速而果决。

我身边的一位士兵突然站了起来，跟主帅说，我们若是战死，还请将军帮助告知我们的家人。

杨素缓慢地点了点头，说，若能攻下此城，我定会厚待你们家人。

说话的这位叫燕喜，读过几年书，跟我关系很不错。

他看了我一眼，欲言又止，最终也没说什么，便冲入了血色。

白沙城攻下后，先登营八百人几乎死光，燕喜也战死了。

我大腿中了一箭，身上多处刺穿，仍极其幸运地活了下来。

我留在白沙城，没有随着大军顺江而下，也没有亲眼看见他们攻入建康城。

五

几个月后，身子渐渐养好了，一位将军从都城大兴来找我，说是奉了越国公的命令，让我处理善后之事。

战场早已清理完毕，尸骨无从运回故乡，只能将死讯通知他们的家乡亲人，再奉送一些抚恤金。

说完，给我一份名单，名单上有二十四个人，每人抚恤千枚五铢钱和十匹绢。

能确认到名字和家庭住址的，只有这些人了。

此后的一年里，我驾着马车，辗转于这二十多个地名，见到了当场晕死的母亲，强忍悲痛的父亲，以及欲哭无泪的新妇。

更多的则是，倒塌的房屋里长满了荒草，整个村落毫无人烟。

我寻不到他们的亲属，而那些亡魂，再也找不到归途。

一直拖到最后，我才去了燕喜家。

燕喜曾跟我讲过他的家乡，母亲，妻子，还有一个牙牙学语的孩子。

他说沿着秦岭南麓，走秦楚古道，三十里后遇见一条河，称为柞水，沿河向上游再行五里，看见一大片竹林，沿林中小径走里许，便是他家。

那天中午，我藏在层层叠叠的绿色之中，望向燕喜家。

炊烟袅袅升起，几只小鸡仔悠闲地觅食，老妇在院子里晒着太阳，似睡非睡。

年轻的妇人不时从屋子里走出，身后跟着一个蹦跳的孩子。

我静静地站在远处，准备一直站到傍晚。

晚去半日，她们便多了半日的平和与期冀。

六

将领战功赫赫，名垂青史。

可一场战争几十万人的性命，能被历史记住的，数人而已。

多少年轻生命变成森森白骨，没人知道他们的名字，他们是谁的儿子，是谁的父亲，又是谁的爱人。

诗人陈陶写道：

誓扫匈奴不顾身，五千貂锦丧胡尘。

可怜无定河边骨，犹是春闺梦里人。

关山重重，消息闭塞。

闺中的妻子仍不知道远征的丈夫已经战死，依然在梦中苦盼着良人的归来。

其实已经阴阳相隔，枯荣迥异。

历史只会告诉后人，极少数的人在做些什么，而其他绝大多数人的命运根本是无足轻重的。

浪花淘尽的，总是风流人物，众多小人物是生是死，微不足道。

而对于无数的母亲、妻子而言，无定河边的腐烂白骨，依旧是她们久盼未归的梦中人。

献低眉

✱ 彤管有炜

天上的月亮早就不见了，人们也没空去看，都在尽力扮演快乐和良善。

刘肥的府邸在这晚变得热闹起来。侍女们纷纷将宅院里的灯一盏又一盏地点亮，好像有无数个月亮飘浮在空中，照得每个人都圣洁而明亮。在这虚假而祥和的世界里，空中弥漫着酒的香气，人们的裙摆如水波，随着悦耳的音乐，慢慢地、轻柔地来回流淌，刘肥站在其中，很容易地就会产生一种幻觉，一种令人放松警惕的幻觉，站在他对面的女人，尊贵的太后吕雉，也在某一刻做过他真正的母亲。

这幻觉当然是愚蠢的，刘肥的母亲只是汉高祖刘邦的一个情妇，而吕雉则是刘邦明媒正娶的妻子，有自己的亲生儿子刘盈和亲生女儿鲁元公主。

自刘邦去世后，刘盈已经继承皇位两年了，这年，刘肥从自己的封地齐国出发，前来京城入朝觐见。十月的时候，天气已经开始变凉，树叶坠落，变黄，然后腐烂在泥土中。刘盈在宫中设宴，邀请刘肥前去聚会。

刘盈是痛苦的。当他赴宴后第一眼看到刘盈时，他便如此笃定。

刘盈看向他时，会不自觉流露出弟弟面对哥哥的依赖，尤其在四周柔和的氛围里，目光盈盈，更显得令人怜爱。这让刘肥置身曾经，想到曾经所有的美好，他们是寻常百姓，共同生活，有着最朴素的情感，做过彼此紧密的家人。

因此当刘肥入席时，刘盈说，刘肥是自己的兄长，不要用帝王的礼节，而是用家人的礼节，让刘肥坐上首，刘肥便没有推辞。

可刘肥忘了，他们早已不是什么都没有的寻常百姓了。

当刘邦称帝，以天下为食，刘肥分得最大的一块时，曾经的情谊便土崩瓦解，权力和欲望的根茎便绵延不息、生生不绝。

吕雉也早就不是在田间锄草的妇人，而是被俘虏过的刘邦的妻子，是颠沛流离的母亲，也是汉朝第一位皇后，协助刘邦诛杀开国功臣，集中皇权，并用哀求与智慧，保住刘盈的太子之位。

而刘肥无视吕雉苦心辅佐的皇帝、苦心维持的权威，这使吕雉愤怒。更令吕雉怀疑的是，刘肥是否在某一刻觊觎皇位，有不臣之心。

自刘邦去世，刘盈登基，吕雉已很少有这样被挑战的时刻了。

吕雉让刘盈娶了刘盈自己的侄女张嫣，刘盈百般不愿，但还是做了；吕雉将曾经受宠的戚夫人幽禁，让她穿上囚徒的红衣，做苦役；为了不让戚夫人有依靠，便传召戚夫人的儿子刘如意，刘盈将刘如意接入自己宫中护佑，但还是被吕雉抓到空当毒杀而死；等到夏天，吕雉又将戚夫人斩去手脚，挖掉眼睛，熏聋双耳，毒哑喉咙，并让刘盈来看，刘盈说这不是人可以做出来的事情，痛哭不止。

刘盈自此不理朝政，纵情声色，久病不好。这又何尝不是刘盈献低眉于吕雉呢？吕雉对自己的亲生骨肉尚且如此，何况刘肥呢？

所以这一时的大意，是刘肥不自量力，如飞蛾扑火、自投罗网，正中吕雉下怀。

天上的月亮早就不见了，人们也没空去看，都在尽力扮演快乐和良善。每一个人都在为土地、权力和食物争夺。坐在宴会中心的皇帝，大臣，再然后是侍女、侍从，再外面是守卫、护卫，皆是如此。

明亮的灯正在温柔摇曳，映在每个人的眼底，泛着淡淡的金光。就是在这一簇一簇的金光里，吕雉一直默默看着刘肥。

不知道看了多久，吕雉低声吩咐侍从，拿来两杯都有毒药的酒。如果只有一杯，刘肥毒发，所有人都会怀疑吕雉；但如果有两杯，一杯刘肥祝酒，一杯吕雉回酒，那吕雉待刘肥毒发时只要做出要喝酒的姿态，便能洗清嫌疑，毕竟谁会拿自己的性命来设下陷阱呢？

侍从很快就将酒倒了来，走得稳，手不抖，遵照嘱咐，快速而妥帖地放在刘肥面前。

吕雉微笑着，让刘肥起身为她祝酒。

刘肥刚刚还在同刘盈说话，哥哥和弟弟，互相说着一点儿寻常事，这种彼此关心的感受，让坐在刘盈上首的刘肥更加忘乎所以。

刘肥看着同他说话的女人，尊贵的太后吕雉，他们也曾共同在颠沛流离的路上，彼此照应，她或许也在某一刻，付出过真挚的情感，当过他某一刻真正的母亲。

即使他在自己的封国时，听到过吕雉一个又一个雷霆手段，他见到过她的欲望和野心，但在此刻，在这宴会创造的明亮的、热闹的世界里，在一簇又一簇的金光里，刘肥看不清她的面目，便也被这假象烘托着，变得天真，变得温

情脉脉起来。

吕雉看着刘肥站起身来，从眼前的两杯酒中随意地拿起一杯，端起酒杯向自己祝酒。

只要刘肥将这一杯饮下，便会毒发。或许刘盈会伤心，就像是失去刘如意时那样失望，但是刘盈势弱，不会违抗她；或许臣子们会议论会抗争，但作为拥有最大封国的齐王，刘肥的死不仅可以震慑诸位王侯，同样也会威慑到位高权重的开国功臣一脉。

吕雉看着刘肥握着酒杯的手已经举在空中，正要举手送入口中时，斜侧边却又横出来了一只拿着酒杯的手。是她的儿子刘盈。刘盈说要同刘肥一起向她祝酒，因此将另一杯酒端起。那本应是刘肥喝完后，吕雉回敬的那杯酒，那杯不会有人喝的、放了毒药的酒。

吕雉，只有在此刻，是一位母亲，并非幻觉中的母亲。吕雉害怕这毒酒将自己的儿子毒死，慌忙起身打翻了刘盈手中的酒杯。

那酒杯落在地上，不是清脆的声音，而是沉闷的，像是暴雨前热而潮湿的空气。

那潮气将刘肥的幻觉撕破，虚假而祥和的世界退后，刘肥内心惊雷乍起，不敢再喝这酒，假装喝醉然后离开了宴会。

刘肥回到自己在京城的府邸，四处打探，才知道自己拿了毒酒，与死神擦肩而过。

原来他自以为的温情都是假象，真正的母爱是那样显而易见，他却不曾得到。

刘肥的母亲只是刘邦的一个情妇，甚至不是妾，他们的关系只在微冷的时候短暂地停留。刘肥并未获得过母族的帮助，或者说关心。他的身份注定卑微，永远只能做一场戏的配角——在旁侧，献低眉。

而宴会上刘盈的亲近，刘盈的尊重，令他一时忘记，于是便招来祸事。

刘肥的属下知道这个事情，于是向刘肥献计："吕雉只有两个孩子，一个是皇帝刘盈，一个是鲁元公主，吕雉对自己的两个孩子宠爱万分。现如今，您有七十多个城邑的封地，鲁元公主却只有几个城邑作为自己的食邑，如果您能将自己手中一个郡的封地献出去，送给鲁元公主，吕雉必定会非常高兴，而您也不再会有杀身之祸。"

为了保命，刘肥照做，而且将鲁元公主尊为王太后，认了自己的妹妹作为自己的母后。

这果然博得吕雉的欢心，只要跪到她身侧，赠送她土地、权力与食物，她才不管什么荒诞故事。

在刘肥回齐国前，吕雉在刘肥的府邸设宴摆酒。侍女们纷纷将宅院里的灯一盏又一盏地点亮，好像有无数个月亮飘浮在空中，照得每个人都圣洁而明亮。

刘肥举杯，向吕雉祝酒。这世间最尊贵的太后，只做过两个人的母亲，和一个人的妻子。

刘肥同周围人一起低下头，看到酒杯里倒映出来的一簇又一簇的金光。他们同历史一起，正在低头迎接自秦朝后第一位临朝称制的女性。

当移开"主角凝视"之后，熟悉的故事里还有什么

✿ 在下行之

> 这世上真正的悲剧，或许就是故事里没有一个坏人，但是每个人又都很惨。

一

读一个故事，人的第一反应是"主角凝视"。我们凝视着故事里的主角，为其悲喜，为其动情。至于配角的心理，会本能地忽略。

以前读陆游和唐琬的故事，觉得那是最凄美的故事之一。

陆游二十岁的时候，和表妹唐琬结为夫妻。两人青梅竹马，伉俪情深，本来是一桩美好婚姻。但由于陆母对唐琬极度不满，逼迫陆游休妻。

陆游受当时封建礼教的压制，虽万般无奈，但最终还是与唐琬离婚。而后陆游又娶了一位王氏妻子。唐琬又嫁给了赵士程。

一晃十年过去。一日当陆游到绍兴沈园散步，意外地遇见了唐琬和赵士程。旧情人久别重逢，内心怎会毫无波澜？但也装得像一首《好久不见》。

"不再去说从前，只是寒暄。"

只是爱过方知情重，到底放不下，陆游还是忍不住在墙上题了一首《钗头凤》：

红酥手，黄縢酒。满城春色宫墙柳。东风恶，欢情薄。一怀愁绪，几年离索。错，错，错！

春如旧，人空瘦。泪痕红浥鲛绡透。桃花落，闲池阁。山盟虽在，锦书难托。莫，莫，莫！

唐琬看到这首词后，也感慨万千，提笔和了一首《钗头凤·世情薄》。

世情薄，人情恶。雨送黄昏花易落。晓风干，泪痕残。欲笺心事，独语斜阑。难，难，难！

人成各，今非昨。病魂常似秋千索。角声寒，夜阑珊。怕人寻问，咽泪装欢。瞒，瞒，瞒！

此后唐琬愁怨难解，一病不起，不久便抑郁而终。唐琬归去之后，陆游日夜悲痛，无法纾解，后北上抗金。

他晚年多次重游沈园，后来因为眷恋至深，干脆住在沈园附近。到八十四岁时，感到自己大限将至，最后游了一次沈园，并作了悼念诗。而后，陆游也走了。他和唐琬的故事，就这样被千古流传着。

这是我当时读这个故事的视角，眼里只有陆游和唐琬这对主角，为他们的聚散感到遗憾，为他们的爱情感到沉痛。

后来朋友听潮，写了另外一篇文章，移开了"主角凝视"。他说："陆游和唐琬的爱情是很凄美，但千古伤心人是赵士程。"故事还是那个故事，他补上了关于配角赵士程的那部分。

唐琬抑郁而终后，赵士程没有续弦，南下赴职，十二三年后也病逝了。千余年后，旅游业兴起，沈园整修，有了诗境爱意、春波惊鸿、残壁遗恨、宫墙怨柳等十景，陆游和唐琬的雕像被刻在了一起，向世人传达伤心千古的凄美故事。

只是，在这个凄美的故事里，所有人的目光都凝视在了陆游和唐琬的身上，而赵士程只是一个工具人的存在。我们不妨把故事，再切回到赵士程和唐琬走到一起的时刻。

唐琬被休之后，日子很是暗淡。要知道在那个讲三从四德的年代，女子被休之后走到哪儿都受人指指点点，要么以死明志，要么是老死家中闭门不出，再嫁是妄谈。

可赵士程不在乎，尽管他是皇室宗亲，但他不在乎唐琬的身份，也不在乎唐琬的过去，甚至不在乎唐琬的心里还住着一个人，顶着整个宗族的压力，不在乎整个世俗的无聊见解，向唐琬倾诉自己的爱慕之意，以诚动之。

也许唐琬是真的感动了，也许是想有个归宿，她改嫁了。可以想见，她在赵家的生活还算美满。赵士程既然能顶住宗族的压力，自然也不会让她受委屈的。

如此一来，未必不是最好的归宿。

可是陆游来了。一切又都乱了。

那次沈园的邂逅，陆游和唐琬虽然只是简单的寒暄，但陆游之后在墙上的题词，其心中的悲伤和悔恨，以及一往情深的痴恋，倾诉无遗。

题词并没有问题，然而对一个有夫之妇表达自己悔恨和痴恋之意，还放在大庭广众之下，是否考虑过赵士程的感受？

后来唐琬看了，和上一首，表达自己同样情深痴恋，不过咽泪装欢，也放在大庭广众之下，又是否考虑过赵士程的感受？

我想都没有。

最后唐琬居然为此病了，抑郁而终，不知道赵士程作何感想。如果赵士程看到千年后沈园的雕像，会不会觉得自己从来都是多余的？陆游和唐琬的哀伤，刻在墙壁之上，令无数人感动。而赵士程的伤心，又有谁看到？

这是朋友听潮后来读这个故事的视

角,当时一度惝恍了我的"主角凝视"。但我总觉得似乎还漏了点什么。后来看演绎陆游和唐琬故事的粤剧《梦断香销四十年》,我终于想起来,故事里的配角,不只有赵士程,还有陆游后来娶的王氏夫人,那个连名字都没有留下的女人。

故事还是那个故事,戏里补上了关于王氏夫人的部分。

在唐琬一病不起快要死的时候,王氏夫人前去看她。她对唐琬说:"你我际遇两别,但难过却是一样的。你心里的男人,在别的女人身边,而我身边的男人,心却在别的女人那里。"

唐琬是很痛,但王氏夫人呢,也很痛。唐琬死后,陆游一首一首地写沈园诗追忆她。作为陆游的妻子的她,如若读到,不知作何感想。

故事里的赵士程也很痛,但至少在故事里留下了一个名字。但千年后,当人们看着陆游和唐琬的雕像感动时,却没有人知道她这个配角的名字。仿佛她在那个故事里从来不存在一样。陆游与唐琬的故事是很凄美,但真正的千古伤心人,还有王氏夫人。

这就是人生啊。在一段凄美的感情里,不只是主角很惨,配角同样很惨。只是我们习惯了凝视主角,忘了那些配角的存在。

我们为什么忽然会想起那些配角?我想那是因为,我们曾经都会把自己代入主角的身份,但是经历过一些事后会发现,其实我们很可能只是某个故事里的配角。

那些被忽略掉的,被当成背景板、工具人的人,我们以前觉得他们跟我们没关系,后来才发现,我们自己可能就是他们。

三

我记得作家史铁生说他小时候没坐轮椅之前,读《三国演义》只关心赵子龙这样的英雄,崇拜他于长坂坡上面对千军万马七进七出,威风八面。后来瘫痪在轮椅上,视线便跟着轮椅变低,他关心的人物变成了那些被赵子龙杀死的兵士。他们都有家庭,都有感情,都有灵魂,都有别人毫不关心的命运。

赵子龙只有一个,不是每个人都是赵子龙。作为普通人,我们更可能是那些被赵子龙杀死的兵士。

我想,当我们移开"主角凝视",开始与故事里的配角共情,我们或许才是真的成熟了,才能真正理解那句"众生皆苦"的无奈。

我也总想,这世上真正的悲剧,或许就是故事里没有一个坏人,但是每个人又都很惨。

就像陆游和唐琬的故事,两个主角也好,两个配角也好,没有一个坏人,但是最后每个人又都很惨。然而再惨,要么死,要么日子还是得过下去。

粤剧里,唐琬再见陆游时,敬了他一杯酒。陆游最开始说:"这杯酒,我喝不下去。"然后想了想,又接过去,说:"罢了,想我一生喝过的苦酒太多,也不多这一杯。"

这句台词的背后,我忽然看到的不只有陆游了,还有唐琬,还有赵士程,还有王氏夫人。或许,还有许许多多的我们自己。

不眠灯

✽ 月 灭

20世纪的某个冬天，在这片久经沧桑的土地上，两篇尘封已久的家书被挖掘出来，那是来自两千年前的思念——黑夫木牍。它是自云梦睡虎地挖出的秦简之一，是中国目前已知最早的家书。这木牍，曾经也被它的制作者如珍宝般地捧着，小心写下自己的所想，生怕错了什么字，浪费了宝贵的墨。

写信的是秦国的两个小卒，他们的名字叫黑夫和惊，现在正身处遥远的楚国，在大将军王翦的带领下参与秦破楚的战争。按照秦律，三丁抽二，二丁抽一，黑夫一家三兄弟，他和哥哥惊应征参加这场战争，留下大哥衷在家照顾妻儿老小，而这封信正是要交给他们的大哥衷的。邮人接过信和钱财，穿过破败狼藉的战场，走向了他们的家乡，邮人会将这份思念交给衷。

邮人来得很晚，灯火在睡眼蒙眬中被惊醒，而后这一夜便再没熄灭过。家人们皆围了过来，心情激动地前后看着，等着邮人在一堆木牍与包裹里翻出黑夫和惊的那份。

他们没想到第二封会来得这么快，第一封也不过是三个月前，但来信频繁总是好的。犹记得上一封是黑夫主笔，那是迎面而来的憨厚语气，黑夫向他们要钱，还说要夏衣，又说，要注意布匹的价格，如果太贵，只寄钱过来就好，他们可以在这里采买布料自己做。

衷翻开新的木牍，母亲眼睛不好，弟媳字又认得少，衷便读给他们听。

木牍上写的其实大部分还是一些旧事——向母亲和大哥要钱财和衣物。秦国全民皆兵，从军需要自备钱财、衣物等生活用品，以及武器和军马，且没有军饷，故而虽然临行前给他们准备了足够多的衣物和钱财，但时间过了这么久，想必也已经花得七七八八了。

这次家书全篇皆是惊主笔，他不像黑夫那般，写信的逻辑差了些，很明显是想到什么说什么，语气也没有黑夫那般温暾，信上先是对妻女进行了一些叮嘱，又威胁说自己借了别人不少钱，如若不还，怕不是要被那人杀了。倒是有一件新事，就是让他们留意大王的授爵文书有没有到，如果没到，一定记得告诉他们。

在秦国，如若立功，则会下达授爵文书，授予爵位。授爵文书向来是下达给家中

历史书上

从那夜起,他家的灯火便没有灭过,他们开始夜不闭户,为弟弟们留着一扇门。

的,一来是因为兵士在战场之上,不方便保存文书;二来,将授爵文书传达给家中留守的妻儿老小,也可给乡里乡亲一些激励。

说来二人在信里倒是客气,一句一句唤他大哥。平日里相处时倒是直接唤他衷,也不知是不是因为要将木牍交给邮人,交付的过程中邮人可能会看见些只言片语,从而有些拘束。

其实夏衣将将做好,授爵文书也已经到了,只不过时间赶得巧,还没来得及寄过去,便又收到了他们催促的来信。母亲嫌弃他们手笨,便想着自己做,做来做去总是不满意,想着征战辛苦,不知会不会瘦了,可又想,说不定因为劳累吃得多了,反而会胖了,还想,若是针脚缝得不好,可能还会被嘲笑。左也不是右也不是,当时又是冬天,自然做得慢了些,倒是忘了楚地的夏天来得比秦早。

至于授爵文书,母亲自是一副很自豪的模样,刚收到时,特意揣在旧衣服里,去溪边浣洗衣物时,会特意装作不小心露出来,有人指出来,母亲便和那人絮絮叨叨地说着。母亲还会拿着文书在路上来回转悠,一遇见路人,便故意显摆给他看,

直看到左邻右舍都知道了,疲于做出反应了,方才作罢。

按秦律,每在战场上斩杀一名敌人便可以换一亩地,若是斩杀的人再多些,则可以换到爵位,郡里有一位叫喜的官吏便是因为军功,从黔首一步步当了官吏。可惜衷有腿疾,无法从军,在黑夫和惊成年之前,他们家一直只能眼睁睁看着别人因为军功步步高升,好不羡慕,现下终于轮到自己了,怎能不好生炫耀一番呢?

官府征兵的文书传达来的时候,黑夫是十分兴奋的,他说二哥惊的孩子很快就要长大了,长大了便该收人头税,自己上战场拿敌军换地换爵位,正好可以让家人过得好一点,交了人头税,还有更多富余的钱财用以生活。

惊便一下子拍开他搭着的手,说出了黑夫的小九九,惊说:"媳妇和女儿的人头税我来解决,你能拿到军功换良田,我也能,你呀,赚的田地就留着娶媳妇吧。"

黑夫也有喜欢的人,那人长得不好看,脸上有一大块的疤,身材也不是很好,衷问黑夫为什么喜欢她,黑夫挠头说:"她给过我的大黄狗吃食,还冲我

53

笑。"惊便笑他小孩子脾性。

聊着旧事,母亲绣好了夏衣的最后一针,和木牍还有钱财一起小心包好,带给了前来讨东西的邮人,邮人会将他们的絮叨带给黑夫和惊,衷想着他们的反应,又想着归来后会发生什么。距离他们离开已经过了一年,惊的女儿长大了,小孩子长得总是很快,黑夫喜欢的姑娘也有几次提起过黑夫,但只是寥寥几句,衷也不知姑娘的意向。

可夏衣被邮人完好无损地带了回来,邮人说,他没看到黑夫和惊。剩下的话语没能说出口,但衷知道邮人的意思,邮人想说他们已经死了,死在了千里之外的敌国,他们没能看到自己寄过去的回信,没能穿上母亲缝的夏衣。

衷不信,他们的母亲也不信,没有尸体那便只是没有下落,定是如此,没有下落不代表死了,说不定只是因为暂时被冲散了,又或者是流落到了楚国,战争结束他们便会回来。

可直到将军带着将士们凯旋,兵士们带着楚国被灭的消息纷纷归来,那些归来的兵士里,也没有黑夫和惊。

他们只等来了大王新的文书,上面写着将黑夫和惊的爵位共同传给衷。按秦律,死去之人的爵位可以由家人继承。连这封文书都在告诉衷,两个弟弟真的死了。

可他们不信。那晚,家家户户彻夜灯火,他家亦然,只不过,旁人家是叙旧,他家是等待。

从那夜起,他家的灯火便没有灭过,他们开始夜不闭户,为弟弟们留着一扇门,只想着待到某一天,黝黑憨厚的黑夫和咋咋呼呼的惊会推门而入。

他的母亲又开始在路上走来走去,遇见路人便言语一番,只不过这次是在询问自己儿子的下落,自然,次次都是无功而返,直到乡人从同情变成厌恶,看到这固执的老妪便绕开,老母亲这才作罢。

但等待并没有因此停止。

直到黑夫的大黄狗老死,直到老母亲去世,直到惊的新媳妇熬成了旧媳妇,再因为生计嫁给别人,直到脸上有疤的姑娘迁去了新地,直到惊的女儿出嫁,直到屋内空荡再无一人。

他们还是没有回来。

衷老迈到再也走不动了的时候,惊的女儿再次踏入这破败的房屋,表示要带衷去他们新的家,衷拒绝了。

已经没有人再提起黑夫和惊,有人路过老房子,只会说里面住了一个有些疯癫的怪老头,好像全世界都将他忘记了。

远去的黑夫和惊,他们的自私和傲慢、他们的固执和喜乐、他们的一厢情愿都已经伴着深院中他们的生活痕迹,一同被时间无情地磨灭,只有那两枚木牍,依然残存着他们的气息。这些年,衷常常看,生怕什么时候就把这些内容给忘记了,忘记了的话,他日他们回来,自己又如何和他们提起从前呢?

在这不眠的灯火里,我依然在等你。

但灯火终究在一个冬天灭了,连带着衷的生命。衷终究还是去了,他依然手握着那两枚木牍,仿佛握住了世间最珍贵的珠宝。

大明宫里的传奇不只是男人的，也是女人的。

西风残照，长安宫阙

✤ 旋炒银杏

天行有常，不为尧存，不为桀亡。千秋万岁是空话，万寿无疆也是空话，没有谁家的天下能绵延不断，亦没有哪代的君王真可寿元无量。

百年千年里，无数人在大地上拼搏争斗过，又都归于尘土，而尘土与尘土之上的名花古木、亭台楼阁，便与人们一起，经历并铭记着那些旧事。

十三朝古都长安，有着比大多数城市更厚重的记忆，李唐作为最后一个定都于此的朝代，曾在这里创造出无与伦比的辉煌。太极宫，大明宫，兴庆宫，三大宫殿陪着大唐走过近三百年兴衰曲折，见证了二十一任统治者的登场与落幕，幸而，在彻底变为遗址之前，于历史长河中留下了自己的身影。

武德元年的风吹散杨隋余气，荡涤万物，迎来天下的新主人。新朝的都城还在此地，只是称呼由大兴变成了长安，那座原属于隋炀帝的宫殿依然伫立，后来也从大兴宫改为了太极宫。

太极宫地处长安中轴线的最北边，两侧紧挨着掖庭宫和东宫，层楼叠榭，巍峨宏大。当旭日升起，被高耸梁柱支撑起的飞檐斗拱在地面投下巨大的阴影，李世民站在两仪殿的丹陛上，看见精绮的殿阁在他脚下起伏，密密覆盖着琉璃瓦的殿顶有炫目的光彩，在天幕划出一道道流利的弧度。

他在这里纳善察忠，明科慎刑，在这里商讨、制定、发出政令，再传遍治下的每个州府，他在这里开启了贞观盛世，终于成为足以与秦皇汉武并列的"唐宗"。

太极宫南有承天门，北有玄武门。承天门是举办国家大典的地方，每逢皇帝登基、大赦天下、皇后册封或节日庆典，多会在这里举行盛大的仪式。玄武门也举办过宴会，"紫庭文佩满，丹墀衮绂连。九夷箑瑶席，五狄列琼筵"，足见当日显贵满堂、珍馔满桌的盛景。但发生在这里的几次政变，更为人们津津乐道。

唐太宗在玄武门射杀同母兄长，夺得太子之位；太子李承乾计划自玄武门入宫逼宫，事前败露被废为庶人；李重俊诛杀武三思父子，要杀韦后及安乐公主时被拦在玄武门外……同室操戈，骨肉相残，似一个不祥的诅咒，困扰着李氏代代子孙。

唐朝开国的二十四位功臣于大唐有千古之功，身后均配享太庙，画像悬在太极宫凌烟阁受人瞻仰，令后世之人永不遗忘。功臣画像由阎立本所绘，其上的赞词是唐太宗亲作，褚遂良亲笔所书，这样的荣光，令天下文臣武将心生向往。

白居易感叹："所恨凌烟阁，不得画功名。"张籍下定决心："会取安西将报国，凌烟阁上大书名。"世事变迁，多年后有人受子孙连累失去了这份尊荣，亦有人立下累累功勋得以位列其中，后来凌烟阁在战火中坍塌，但阁中之人的名字，却如当年所愿，代代流传了下来。

龙朔三年大明宫建成，唐高宗李治迫不及待从太极宫搬了过去，之后共有十几位皇帝在这里居住生活过。正是从这年起，大明宫逐渐取代了太极宫的地位，成为大唐的政治中心。

大明宫在太极宫东边，比太极宫小上一些，但气势丝毫不输前者。含元殿、宣政殿、紫宸殿是大明宫最主要的三大殿，壮阔瑰丽，尤其是含元殿，"左翔鸾而右栖凤，翘两阙而为翼，环阿阁以周墀，象龙行之曲直"，两侧供人行走上殿的通道高且长，远远望去形似龙尾，尽显盛唐之恢宏气象。

"双阙龙相对，千官雁一行。"早朝前，群臣走上龙尾道，在逐渐亮起的晨光中，似两行南归的雁排列整齐，朝近在眼前的目的地进发。"九天阊阖开宫殿，万国衣冠拜冕旒。"大明宫丹凤门五道宫门次第打开，外邦异族的使者弯膝跪拜，屈服于大唐皇帝的赫赫威严与大明宫的碧瓦朱甍。

大明宫里的传奇不只是男人的，也是女人的。自武则天起，太平公主、上官婉儿、韦皇后、安乐公主，这些野心勃勃的女人打破与生俱来的枷锁，前赴后继对女人不得干政的陈规旧俗发起挑战，证明一切男人可为事女子亦可为。"明朝游上苑，火急报春知。花须连夜发，莫待晓风吹。"日月凌空，上苑催花，称帝后的武皇不再遮掩她的雄心；治宏贞观，政启开元，又有谁能否认她对大唐的贡献？

尽管结局并不全然完美，但她们以

铁血手腕在唐史上写下了浓墨重彩的一页，她们的故事始终如云雾般笼罩在长安上空，让李唐君王在很长的时间里空悬后位，让他们忌惮有女人站在可以与皇帝并肩的地方。

兴庆宫原本不是宫，而是一座宅子。武则天当政时对李唐宗室看管严密，她在离大明宫不远的隆庆坊内赐下宅子，给李隆基五兄弟一起居住，以便更容易地掌控他们，这宅子因此被称为五王宅。李隆基登基后，他的兄弟们搬去邻近的坊内，而他则升宅为宫，称为兴庆宫。

李隆基前半生经历了太多次政变，他做皇帝后有样学样，把儿孙们都圈在一起住，儿子们住在十六王宅，孙子们住在百孙院，不允许他们染手军政，断绝了被夺权的可能性。只是他千防万防也没防得住安禄山、史思明作乱，没逃得过如他父亲一般成为太上皇的命运。

兴庆宫位置临近城墙，宫门向西开放，规模和布局与另外两宫相差很大，但李隆基对这座潜邸感情很深，日常起居和处理政事都在这里进行，玄宗尤爱其中的勤政务本楼和花萼相辉楼，"万叶传余庆，千年志不移。凭轩聊属目，轻辇共追随。务本方崇训，相辉保羽仪"。

"花萼相辉"象征兄弟和睦，玄宗虽不予兄弟们实权，倒也没有为难，就连曾当过储君的长兄李成器，也平安终老，死后还追封为"让皇帝"，他待兄弟们，确实还算不错。"勤政务本"象征勤于政事，他一手缔造开元盛世，给了大唐四十余年太平年景，让"开元"这两个字成为所有人心中繁华的象征，可是老迈后却偏听偏信，奢靡昏聩，亲手断送了这一切。

玄宗晚年册儿媳杨氏为贵妃，整日与贵妃作歌观舞，制曲填词。一次在兴庆宫沉香亭赏花时，嫌宫人唱的词太旧，便命新任翰林李白作诗："名花倾国两相欢，常得君王带笑看。解释春风无限恨，沉香亭北倚栏杆。"李白的才华被限制在这些不痛不痒的文字里，这与他出仕前的设想相差太远，纵有贵妃磨墨、力士脱靴，也不能弥补他心头的不甘，很快他脱下朝服，又成了那个自由的太白。

认真算来，兴庆宫的主人只有玄宗一个。"先皇歌舞地，今日未游巡。幽咽龙池水，凄凉御榻尘。"安史之乱中唐军收复长安后，玄宗回到了兴庆宫，此时权势已失，贵妃已逝，偌大的兴庆宫似一只老病的野兽，失去了光亮的毛发和锐利的牙齿，只能默默等待死亡了，就连玄宗自己，也是如此。

太极宫，大明宫，兴庆宫，都曾是大唐强盛与权力的象征，它们与大唐融为一体，同根同脉，同荣同辱，经历漫长的岁月后，一起消失在了乱世铁骑扬起的烟尘里。

今时今日的西风和残阳，与千年前似乎并无二致，但被这风吹过、被这日光照耀过的长安，早已变了模样。阁中帝子今不在，就连帝子的楼阁宫阙，也都化成了沙。

魏晋是个解构的时代，一方面是政治、生活的沉重黑暗，另一方面则是灿若桃李、明若朝霞的文化艺术。

魏晋，一段烟云水气的风骨

✤ 荷衣蕙带

魏晋是一个战火频仍，政权更迭不断的乱世；也是一个精神自由，美学艺术打开新境界的盛世。就像狄更斯的名句："这是一个最好的时代，也是一个最坏的时代。"魏晋就是这样一个重重矛盾的时代，有必须直面的死亡，也有因生命无常而诞生出的"人"的觉醒。

因为洞悉了生命的无常，打破了礼教的束缚，魏晋的名士活成中国史上最有趣、最自由、最恣意、最洒脱的一群文人，他们追求人格之美、思想之美、自然之美、精神之美、仪容之美、深情之美、形式之美、语言之美、性情之美，以文学、以书法、以绘画、以诗歌、以雕塑，甚至以生命书写着魏晋风骨。

《世说新语》里有一则小故事，一日夜里，琼英纷纷，玉蕊匝地，住在山阴的王徽之半夜醒来，命人开窗上酒，一边赏雪一边小酌。望着眼前一片皎洁无瑕的天地，他吟诵起了左思的《招隐》，忽然间就想起来戴逵这位隐士。于是，当即命人驾小舟前往剡县，一夜风雪茫茫，涉水而来，就在次日清晨赶到戴逵家门口时，王徽之却命人原路返回。随行的人不解，忙问缘由，王徽之说："吾本乘兴而行，兴尽而返，何必见戴？"

王徽之出生于琅琊王氏，这是一个在魏晋十分显赫的氏族，他的父亲是王羲之，弟弟是王献之，两人并称书法史上的"二王"，在这样一个群星闪耀的家族，王徽之不仅没有黯然失色，反而以率真洒脱的名士风度，成就了他书法和人格的风骨。后人评价他的书法"得其（王羲之）势"，可见他的书法成就之高。

在众多的兄弟之中，王徽之与王献之感情最深厚，王徽之与王献之皆病，王献之先去世，因为担忧他的身体，家人不敢将这个消息告诉他。王徽之一直记挂着王献之，便问身边的人，为什么一直没有子敬（王献之的字）的消息。身边的人支吾不肯作答，他随即明白，自语道："此已丧矣。"说话时他的表情看似很平静，并马上叫来车马前去奔丧。来到灵堂，他取来王献之的琴，以琴声寄托哀思，虽未落泪却越弹越难过，终不成曲调。于是以琴掷地，长叹一声"人琴俱亡"。此后，不过一个月，王徽之也随之故去。

竹林七贤之一的王戎曾说："情之所钟，正在我辈。"同为琅琊王氏子弟的王徽之也和他的先辈王戎一样，向外不羁，向内深情，淡然随性的外表下是一颗浓烈而深情的心，他以生命注释了深情之美、性情之美的魏晋风骨。

"乘兴而行，兴尽而返"的故事里戴逵紧闭的门扉像是一个美丽的布景板并没有多少人去关注，其实只要轻轻地推开它，就能看到《世说新语》里的另一则故事。戴逵后来知道这件事，说："徽之不囿于礼，独钟于情，真是我的知心朋友。"只有同样超然通达的戴逵才会了解和懂得欣赏王徽之的率性和潇洒，因为在骨子里他们都是同样的人。

戴逵是东晋著名的美术家、雕刻家，因为琴艺绝伦、画技高超，早早就声名远播，当时的太宰武陵王司马晞听闻他的鼓琴之声清逸超俗，便遣人请他来为自己演奏。看到来使后，戴逵心生怒意，觉得司马晞这是将自己当作伶人来对待。于是，当着使者的面将琴砸碎，并说道："戴安道不为王门伶人。"他的做法得到许多清流之士的赞赏，老师范宣也觉得这个弟子最有自己的风骨，对他更加欣赏，还将自己的侄女许配给了他。

戴逵终身未入仕，为了躲避朝廷的屡次征请，甚至躲避在外，后来请好友谢玄上疏，请孝武帝绝其召命，才得以重返家乡。他一生隐逸乡间，却用画笔和雕塑的形式之美、自然之美铸就了他的魏晋风骨。

魏晋时期人们不仅推崇天然的音乐，对人性亦是如此，嵇康和阮籍就提出过"越名教而任自然"的观点，他们主张挣脱礼法的束缚，遵从本心，追求人性的解放和思想的自由，这些观点无疑是对统治阶层的挑战，也是嵇康的人生以悲剧结束的根源。

在洛阳城外，嵇康用抚琴写字的手一锤锤锻打着烧红的钢铁，他宁愿做一位自由自在的打铁匠，也不愿意与竖子们同殿称臣，他的"越名教而任自然"的主张和他不合作的态度都在无形中激怒了司马昭。

景元四年，吕安的妻子徐氏被其兄长吕巽迷奸，使徐氏羞愤难当，自缢身亡。吕安得知后欲将吕巽告上官府。嵇康与这两个兄弟均有交情，因此出面劝了吕安，请他以家族的名誉为重，不要将此事闹大。然而，令人没想到的是吕巽忧心自己的把柄落在弟弟手中，反而诬陷吕安"挝母"不孝，致使吕安被司马昭下狱。嵇康得知后写了《与吕长悌绝交书》，与吕巽绝交，并出面为吕安做证，因而触怒了司马昭。原本这件事并不足以致命，但是与嵇康素有恩怨的钟会趁机进言，陷害嵇康，导致司马昭一怒之下，以破坏礼教之名下令将嵇康处以极刑。

消息传出后，群情激愤，就在行刑的当日，三千名太学生集体请愿，请求朝廷赦免嵇康，并请他来太学任教。然而朝廷并没有答应他们的请求。嵇康看着下面的众人，神色平静地向兄长要来古琴，当场弹奏了一曲《广陵散》。曲罢，嵇康叹息道："从前袁准曾跟我学习《广陵散》，我因吝惜而坚持不教授他，此曲如今绝矣。"说完之后，从容就戮。在临终之际他没有后悔自己所坚持的思想和坚守的志趣，他只是遗憾自己的音乐无人继承，他以生命诠释了人格之美、思想之美的魏晋风骨。

嵇康的人生虽然慷慨悲壮，却也快意随心，而常常和他的名字一起出现的好友阮籍却不能如他一样活得恣意。在阮籍看似狂放张扬的表象下隐藏着一颗敏感细腻的心，他的悲哀无处宣泄，只能长啸当哭，他是竹林七贤中影响力最大，也是最具有悲剧色彩的人物。

有两个成语出自阮籍，分别是"青眼相看""白眼相向"。阮籍常对人做青白眼，看到遵循礼俗的俗人就以白眼看之。他的母亲去世时，亲朋前来吊唁，他也是如此。嵇喜吊唁时他就白眼相对，等到嵇康听到消息后抱着酒挟着琴前来，阮籍就以青眼待之。

"青眼"其实就是"黑眼"的意思，当两眼正视时，黑色的眼球直视对方，表达对人的赏识和重视，而这世间能得到阮籍赏识和重视的人显然不多，所以他才会对世界翻一个大大的白眼，表达心中的不屑。

困于乱世之中的阮籍有匡国之志却没有施展才华的舞台，他想要退而求其次，啸傲林泉，夷游山水，却因为司马氏需要有他这样的贤达之士做幌子而委身官场。如此矛盾的生活，正是他痛苦的根源。

阮籍喜欢一个人驾着车，车上载着酒，他醉醺醺地信马由缰，漫无目的地行驶，待到无路可走时他就号啕大哭，哭到尽兴后再返回。现实的压抑总需要一个排解的方法，他像一个孩子一样想要哭出所有的委屈，以疏狂不羁对抗命运，以放浪形骸表达不满。

阮籍是建安以来第一个全力创作五言诗的文人，他的《咏怀诗》更是以深沉的笔墨，寄托了人生的悲哀和生命的意识，字句之间都是"陶性灵，发幽思"的启迪，引起后世无数诗人的效仿，对五言诗的发展产生深远影响。阮籍以他的文字之美、思想之美、品质之美写就了他的魏晋风骨。

魏晋是个解构的时代，一方面是政治、生活的沉重黑暗，另一方面则是灿若桃李、明若朝霞的文化艺术。正是这样的一个重重矛盾的时代，造就了魏晋名士静照忘我的超然，不拘礼法的任达。他们飘逸洒脱、不滞于物，就如左思的诗句"振衣千仞冈，濯足万里流"写的那样，放任而自由地释放着天性。而在他们将内心的痛苦、压抑转化为对自然、美好的向往和追求时，又有多少人能透过他们纵酒狂歌、穷途之哭的放纵看到他们清俊通脱的气质和烟云水气的风度？而这才是真正的名士风范，魏晋的风骨。

簪花少年

轻衫细马的少年郎,永远年轻,永远春风得意

陈循：站在命运的十字路口

路索

站在命运的十字路口，没有人知道，自己的一个决定是不是会改变王朝的命运，改变历史的走向，改变自己的一生。

正统十四年八月，北京的天气已经透露着微微的凉意，一个普通的早晨，太和殿中，内阁大臣陈循做出了改变其后半生的一个决定。

"陈循，你也要拥立郕王为新君吗？"珠帘之后，孙太后沉声问道。

"禀太后，陛下被俘，太子尚且年幼，瓦剌军直抵京师，我大明王朝危在旦夕，为了国家着想，请郕王登基是最好的选择。"已过花甲之年的陈循腰背挺直，跪了下来。

几个月前，瓦剌军突然向明王朝挑起战争，陈循曾劝英宗不要御驾亲征，可是英宗听信太监王振等人的怂恿，盲目相信只要自己御驾亲征，一定能士气大振，很快将瓦剌军击退。不幸的是，英宗没有任何战场经验，很快被俘。这便是明朝由盛转衰的历史事件——土木之变。

皇帝被外族侵略者俘虏，对一个王朝来说，不仅是奇耻大辱，更可能是亡国之兆。消息从边境传来，天下震惊，朝野震荡，有人慌乱地散布"亡国论"；有人喊着先迁都南京，再不惜一切救出英宗；也有人审时度势，提出另立新君，以击退瓦剌军为首要目的。

消息传来的那一天，也是在这座森严肃穆的大殿之上，陈循站在同样的位置上，面对一部分大臣另立新君的提议，他掷地有声地说："但生一日，即是主人。"

那时，他真心觉得，一臣不可侍二主。

是拥立新君？还是一边让年仅两岁的太子暂时主持朝政，一边尽快救回皇帝？

朝中出现了两种声音。

而当时，陈循坚决反对拥立新君，他在大殿上发誓，表明自己的政治立场：只要我活着一天，我所效忠的皇帝只有一个，那就是英宗。

这个时候，他对营救回皇帝是抱有极大希望的。这个时候，有很多大臣和陈循一样，抱有这样的想法，于是他们想出了一个折中的办法：立皇帝的两岁的儿子朱见深为太子，皇帝的弟弟郕王朱祁钰监国。

可惜，瓦剌大军来势汹汹，眼见着明朝国土一点点被蚕食，军报一日比一日紧，明军节节败退，北京城即将被瓦剌军攻破，一旦首都被占，明朝也就不复存在了！陈循也有一刻钟的慌神。

夜深人静，户部尚书陈循的府中，亮着一盏灯。一位不速之客到来，惊扰了院墙枝丫上栖息的乌鸦，"嘎——嘎——"，乌鸦不满地扑棱着翅膀飞向黑暗之中，叫声令人心惊。

来人是兵部尚书于谦，进了书房不等寒暄入座，他就对陈循说："陈大人，此时危局，唯有拥立新君，稳定人心，才有一丝救国希望啊！"

陈循犹豫着问道："于尚书说的新君，是郕王？"

于谦说："哎呀，你我心知肚明，眼下只有郕王可当此大任。陛下的儿子只有两岁，孙太后更不能执政，郕王虽有监国之权，却终究受到诸多限制，更何况，国不可一日无君，此时，如果拥立新君，整合兵力，同仇敌忾，北京之围可解。"

"可……远在瓦剌囚牢中的陛下怎么办？不救了吗？"

"先解北京之围，再想办法营救，陛下在瓦剌手里，一时半会儿不会有性命之忧，瓦剌应该会以陛下作为要挟。"于谦分析。

"如此，只怕郕王继位后，待陛下回朝，不肯让还皇位，后患无穷。"陈循担忧地摇摇头。

"任何事情，没有万全之策，咱们只能两害相较取其轻，先解了燃眉之急，保住家国重要啊！"于谦继续劝道。

"郕王自己怎么想呢？"陈循继续问。

"他是不想当的,但时局所迫,他想不想当这个皇帝,都得当了。"于谦说,"我与王文、王直等人商议好了,过几日早朝,由王文首先起奏,推郕王继位,你我只需要站出来支持,群臣自然响应。想必孙太后也阻挡不了。陈大人,国难之际,还请以大局为重。"

"为什么找到我?只怕我人微言轻,推动不了这件事。"陈循还是没想好。

"陈大人莫要谦虚,你是朝中老臣,又深受陛下重用,论人品、资历和在朝堂上的影响力,没有人比你更合适,站出来,与我们一起,拥护郕王继位,保佑明朝安定。"

是坚守"一臣不侍二主"的个人原则,还是宁被天下人骂,也要为了国家的安危拥立新君?

陈循的心中,也出现了两种声音。

站在命运的十字路口,没有人知道,自己的一个决定是不是会改变王朝的命运,改变历史的走向,改变自己的一生。于谦走后,陈循夜不能寐,他清楚,如果拥立新君,那么在英宗和他的追随者眼中,他就是个彻头彻尾的叛徒,若有一日,英宗回朝,重新执政,他该是何等下场?他不敢想。

夜色浓稠,昏暗的烛光摇曳,陈循想起了30年前,他正年少,也是这样的烛光陪伴他深夜苦读,那时的明朝正是强盛之际,他庆幸自己处在盛世,更为此生立下处世之道,以忠君爱国为前提。

永乐十三年,他科举考中进士第一,被授翰林院修撰。颇有才气,却不愠不火地干了许多年文职工作的他,不会忘记真正重用他、提拔他的人是英宗。正统元年,英宗刚一继位,就提拔他担任会试考官,还亲自赐了宴席给他。这是翰林院侍从出身的他独一份的荣誉。此后许多年,在英宗的提拔下,他一步一步走向了内阁,走向了明朝权力的中心,英宗4次举行祭奠孔子大典,都命他行礼,还册封了他的祖父母、妻子、母亲,给足了他一家人的荣耀,他怎么能不效忠于对自己有知遇之恩的英宗呢?

然而,此刻,面对被瓦剌掳去,在荒野之地、囚牢之中受苦的英宗陛下,他要做出放弃营救,改投阵营,拥立新君的决定吗?可他又想,其实,郕王朱祁钰也是正统皇家血脉,是英宗的亲弟弟,拥立新君,也不违背自己忠君报国的原则吧!

一阵风吹来,红烛挣扎了几下,熄灭了。

"臣请太后同意,传皇位给郕王殿下!"太和殿上,寂静一片,珠帘后的孙太后一直没有说话,陈循再次行大礼，伏地叩首，再次请奏。

"陈循，你别忘了，皇帝是如何信任你的。"孙太后一句话戳在陈循的心窝上。

太和殿的地板冰冷生硬，割得他那脆弱苍老的膝盖钻心地疼，更疼的是，他要辜负英宗的信任了。

"陛下的恩情，臣永世不忘，今日这个决定，臣也不后悔。太后，若首都失守，国家倾覆，又何谈谁来坐这个皇位呢？只有先稳住局势，击退瓦剌，才能救回陛下啊！"

"你们……"孙太后颤抖着声音，愤怒地站了起来，看着眼前跪了一地的群臣，忽而，像是失去所有力气一般重新跌坐回去。她怎么能不知道现在是什么情况呢？她比任何人都盼望自己的儿子能平安回来。许久，她说："**郕**王继位可以，但我有一个条件，必须先立皇帝的儿子见深为太子，将来皇位也由太子继承。"

孙太后的意思很明显，这江山还是英宗的，**郕**王只是代他做皇帝。

很快，在陈循和于谦等人的拥护下，**郕**王朱祁钰登基，他就是历史上的明代宗。而那位如今身处囚牢中的英宗皇帝，被遥尊为"太上皇"。代宗继位后，改年号为景泰，从此开启了景泰一朝八年的短暂过渡期。因陈循拥立有功，立刻提拔他做了内阁首辅。陈循成为明朝危难之际，炙手可热的权臣。

时势造英雄，英雄也造时势。陈循不是英雄，他只是大明王朝百年历程中微不足道的一个文臣，土木之变的紧要关头，他做出了顺应时势的一个决定，成为推动明朝历史继续前进的一个微小但有用的助力。他保全了王朝，既然拥护了代宗，便仍旧秉持着忠君的处世原则，积极为代宗建言献策，推荐有才能的官员。

只是，人会在权力的诱惑下，忘了初心，违背初心。当北京之困解除，瓦剌军战败，迎太上皇回京，明王朝重新回归正轨的时候，代宗已经不像当初被迫被群臣推上皇位一般了。谁舍得下至高无上的皇权呢？他决定违背当初答应孙太后的条件，废英宗的儿子朱见深的太子之位，改立自己的儿子为太子。而陈循，身处权力的漩涡之中，做出了帮助代宗执行这个计划的决定。这个决定，再次改变了他的命运。

历史是纷繁杂乱的，历史中每个渺小的个体也是复杂多变的。人生有许多个十字路口，向左向右怎么选择，往往只在一念之间。如果说土木之变，陈循选择对了，让他一路走向政治生涯的顶峰，那么帮助代宗废太子这个选择，则为他在日后英宗夺权的政变之中，埋下了不幸的种子。

> 每个人都在瞬息万变的世事里苦苦挣扎，你方唱罢我登场，名叫长安的戏台上每日都上演着精彩残酷的戏码。

卢照邻：长安城，请铭记他的回眸

✽ 苍鸾

终唐一代，长安始终是唐人无法回避的字眼，谈长安或轻或重谈到唐人，谈唐人又或多或少提到长安，人与城就这样相辅相成联系在了一起。作为承载着说不尽厚重历史和数不清权柄宝盖的都城，许多被史书镌刻姓名的人都留下了自己对这座城市的感悟和怀想。

长安，在李白笔下是一片月色下万户捣衣的真情实意；在王维心中则是九天阊阖和万国衣冠的壮阔盛景；等到了老杜所见，国破惊心的悲痛刺激着每个人的神经。

卢照邻与他们都不同。这个出身望族却仕途坎坷的才子自然不会知道未来的悲欢，但他笔下却好像生出了缕缕无形的丝线，把他的长安与后辈的长安串联在一起，叫人读了遍体生寒。

彼时卢照邻已经不再是当初那个意气风发的少年，慷慨激昂的言辞和略显幼稚的奇思早就成了过去式，可长安的风貌却让他恍惚觉得好像什么都没有改变。无论何时，长安的街道依然四通八达，贵人们描龙绣凤的车盖随着车子的前进而微微晃动，幅度惊扰了垂下的流苏，引来对面拉车的高大骏马的好奇，连蹄声都变小了几分。

卢照邻心想，在寸土寸金的长安城，连风都是带着富贵奢靡气息的，熏得人睁不开眼。可他又止不住觉得心酸，年少时，他曾不止一次幻想过自己也能坐在这样的车里出入长安城每个王公贵族的府邸，前后奴仆环绕，左右奉承不绝。

若是寒门白丁常有这样的幻想，旁人十有八九会笑他痴人说梦。但卢照邻不同，他出身簪缨世族范阳卢氏，作为名列"五姓七族"的高门子弟，卢照邻拥有常人难以企及的家学渊源。

卢照邻少时就跟随当时的大家曹宪和王义方学习，深得其真传。本就聪慧的少年在名儒身边耳濡目染，自身的学问更是日日精进。那时算是他最骄傲、快乐的时候，占尽天时地利人和，放眼望去前方是一片坦途。

一群鸟的叽喳声在此时不合时宜地响起，它们绕着颜色鲜艳的花朵久久不愿散去。不远处的树上缠绕着一眼难以估出长度的虫丝，长安的蜂蝶也带着一股豪气，成群结队地飞过，只留下被斑斓色彩晃了眼睛的人还在原地不知所措。蝶群飞过森严气派的宫墙，雕刻合欢花的窗棂和金凤装饰的房脊是它们暂歇的地方，歇够了就继续在雕梁画栋间穿梭，常人一辈子可能也看不到一次的场景对它们而言已是司空见惯。

犹记最初入仕时，卢照邻曾在长安短暂结识过一些歌姬舞女。额点花黄、姿容曼妙的她们和着歌翩翩起舞，妖娆的背影不知晃晕了多少眼睛。他那时最常听一些靡靡乐曲，曲调内涵离不开儿女情长，听得久了，他也来了灵感，一句"得成比目何辞死，愿作鸳鸯不羡仙"，足够让世间痴男怨女在进行爱情誓约时流下的泪水汇成河，东流不返。

此时在文坛初露锋芒的卢照邻在来济的大力举荐下成功与邓王结识，后者也成为他人生中最大的贵人。

邓王李元裕乃是高祖皇第十七子，为人风雅，善谈名理，也许是为了保全自身，也许是真的淡泊名利，这位王爷算是安分守己。得到邓王赏识的卢照邻更是如鱼得水，入职邓王府担任典签一职。

想来卢照邻与邓王之间的感情真的可以称一句"情如鱼水"。前者阅遍王府海量藏书，甘愿做着没有实权的文书工作；后者则盛赞对方是"此吾之相如也"，将卢照邻比作汉赋大家司马相如。这段知遇之恩也被传为佳话。

在王府的这段日子大概是卢照邻一生中最闲适的好时光。随着邓王离世，卢照邻也离开了王府，调任益州新都尉，开启了他后半段直线下降的人生。

在偏远的益州，卢照邻开始感觉到忧虑，旁人都在忙着建功立业，只有他停滞不前，除了被风霜浸染的脸庞，似乎什么都没有获得。那段时间，除了频繁和好友唱和外，他更多地想起长安。

他想起长安的夜晚，娼家门庭永远灯火阑珊，歌不断，舞不停。无论是身骑白马的五陵少年，还是白日策划着刺杀公卿的提剑刺客，抑或是禁军的官吏，都汇集在此忙着享乐，贪欢奢靡的气息弥漫不绝。再想起鸟雀欲栖的廷尉门前，卢照邻只隐隐觉得不安。

这份不安在卢照邻心里逐渐蔓延，朝中势力如同藤蔓一样错杂交互，文臣武将更是斗得不亦乐乎，每个人都在瞬息万变的世事里苦苦挣扎，你方唱罢我登场，名叫长安的戏台上每日都上演着精彩而又残酷的戏码，连他这个边缘人物都能感知一二。

之后，在蜀中蹉跎数年的卢照邻终于结束漫游，背上行囊返回洛阳。神都的繁华短暂抚平了他的悲伤，可在洛阳的平静时光没有持续多久，他就迎来了牢狱之灾。

都说才华是双刃剑，有时候会助人青云直上，有时候则会成为刺向自己的利器。关于卢照邻的这场牢狱之灾，流传最广的说法是他所作《长安古意》中"梁家画阁中天起，汉帝金茎云外直"之句惹恼了武三思，故被他一怒之下下了大狱。

在狱中的卢照邻坚定了自己的想法，诗为情生，写诗抒情有何错？他并不恼，只是更加觉得造化弄人，想他一个世家子弟，做着低品小官，拿着微薄薪俸，蹉跎半生归来，千言万语都汇成一句世事无常。

这样来看，在《长安古意》中，结尾四句算是当时卢照邻内心深处最羡慕也最令他安心的美好期盼。昔日歌舞场今日连天衰草，今日田舍汉明日官拜朝堂。参透枯荣轮转的真理才更加羡慕扬雄，守着寂寂寥寥的扬子居，著着年年岁岁的一床书，不被外物影响。

寂寂寥寥扬子居，年年岁岁一床书。
独有南山桂花发，飞来飞去袭人裾。
　　　　　——卢照邻《长安古意》后四句

卢照邻以南山桂花为全诗画上了句号。前面所有的豪门富贵和美人如画最终都只止于飞舞零落的花瓣，他把自己的感悟提笔写下，以一个旁观者的姿态，想要告诉所有人长安城光鲜外表下的暗流涌动。虽不脱六朝余韵，但其中讽喻手笔已胜过空泛奢靡的宫体太多，闻一多先生有如此评价："他是宫体诗中一个破天荒的大转变。一手挽住衰老了的颓废，教给他如何回到健全的欲望；一手又指给他欲望的幻灭。"

一首《长安古意》，使卢照邻诗名更盛，更奠定了"四杰"文章"不废江河万古流"的磅礴基础。

经友人救助出狱的卢照邻没有获得他期盼中的闲适生活，此时他已然身患风疾缠绵病榻，而后竟然发展到手足残废的地步，这对于本性骄傲的他而言是毁灭性的打击。身体的病痛无时无刻不折磨着他的心灵，虽有药王孙思邈和一众友人不辞劳苦地救护，卢照邻病情仍是愈加恶化。

《新唐书》载："照邻自以当高宗时尚吏，己独儒；武后尚法，己独黄老；后封嵩山，屡聘贤士，己已废。"读完只感悲戚，无数阴差阳错构筑了卢照邻，他有传世的才笔，却无腾达的运道，令"命途坎坷"四字都不能完全概括他的一生。

也许是为了保全自己仅剩的尊严，也许对这个世界不再存有留恋，四十岁的卢照邻最终选择与亲属诀别，拖着病体以决绝的姿态投水而亡。

一番涟漪后，只余南山盛开的桂花乘风飞到长安，落在人们的衣裙上观看四周川流不息的车马、高官显贵的门庭和盛装丽人的容颜，此后花瓣照样西去，颍水依旧东流。

| 簪花少年

他再也没有提及汉朝的旧人，仿佛那些故友都随风沙一并埋葬在了草原之中。

李陵：胡马度阴山

❋ 霜见

一

长安秋，城南。校场之上正在进行一场紧张的骑射比赛。

"看到中间那位了吗？那就是李广大将军的孙子。"

"李广之孙？那这次的魁首必然是他了！"

也有人对此嗤之以鼻："李广又如何，漠北之战还不是迷了路，落得个羞愧自尽的结局。要我说，还是霍将军最有大将之风，只可叹天妒英才，若霍将军还在……"

人群中，一位羸弱的少年正默默听着这一切。他名叫霍光，正是那人谈论的霍去病之弟。听人提到他同父异母的兄长，霍光的眼神亮了亮，随即又将目光投向了那位正在拉弓的男子。旁边人说，他名叫李陵，今年刚及冠。

霍光看过去的同时，李陵的箭稳稳插在了

红心上。人群中顿时喝彩一片,而上首坐着的君王更是笑着站了起来:"此子颇有李广之风。"

李陵手握长弓,自信地望向高台之上的汉武帝。秋风吹起金黄的银杏,他在一片欢呼声中,接下了君王的赏赐。

"谢陛下!"李陵捧着御赐之剑笑道。

"我大汉有此等武才,可保国家万年!"汉武帝拍了拍李陵的肩。

李陵向台下看去,见好友任立政正激动地冲自己招手。而他的身旁立着一位翩翩青衫的公子,此时也正好奇地望向他。从台上下来后,李陵热络地揽住任立政的肩头:"走,咱们喝酒去!"

任立政将身旁的公子拉了过来:"司马兄,一起啊?"

司马迁拒绝了他的邀约:"家父命我回家整理手稿,我便不同去了。"

说着,他扭头对李陵道:"恭喜李兄拔得头筹。"

李陵笑着回礼,与任立政并肩走出校场时,恰好经过霍光的身前。前者并未察觉到那道好奇的目光,霍光却直直地看向李陵的背影——他的身形很像一个人,一个生来就该做将军的人。

觥筹交错的岁月里,李陵做着一个梦。梦里,他像祖父一样甲胄加身,大破匈奴数万人。只不过这场梦做得太长,大汉的盛世亦太长,人们沉醉于李广与霍去病打下的安稳江山,忘却了河西之地正枕戈待旦的匈奴。

盛世没有武将的一席之地,但盛世总有尽头。天汉二年秋,匈奴卷土重来发动战争,汉武帝忙派遣李广利将军出征匈奴。就在此时,他想起了李陵,那位曾被他赞誉有李广之风的天选武才。

无人知晓李陵等待了多久,才等来了今天。在汉武帝召见他时,他请命独立成军,去牵制匈奴的军队,为李广利的大军争取时间,汉武帝答应了。但此时汉朝兵力已远不如前,李广利出征也只带领了三万大军,能够分给李陵的军队更是少之又少。他争取了许久,也只等来了五千名弓箭手。

"五千人,可够?"汉武帝问道。

李陵看着身后的将士,坚定地点了点头:"臣一定不辱使命!"

在战马极度不足的情况下,李陵带着五千士兵踏上了前往匈奴的征途。他们行军一月有余,终与匈奴单于的三万骑兵相遇。李陵诸军被匈奴包围在两山之间,形势一时间极度不利于李陵。

"诸将士听令,布阵!"李陵一声令下,麾下士兵迅速分列。前列持盾,后列挽弓,辎重车布阵于营外,声势之浩大让匈奴单于一时有些迟疑。

"汉军共有多少人?"单于问道。

"据属下打探,最多五千人。"

"不对,看这情况,少则万人。"单于犯了难。而就在他迟疑的间隙,李陵一声令下,山谷中顿时万箭齐发,匈奴兵损失千余人。

单于大惊:"对面有诈,快撤!"

李陵乘势追击,又击杀匈奴千余人。

入夜，匈奴的营帐燃起篝火，单于修书一封，请求派兵增援。李陵则立在大汉的营帐外，细数着剩下的士兵。

"将军，咱们只剩下两千人了。若再无人增援，恐撑不了几日。"副将立在李陵身后说道。

李陵抬头望向天幕，一弯残月正萧瑟地悬于西边山顶，他深深地叹了一口气："我即刻修书，请求大军支援。"

副将随之入帐，看着李陵写完了那封求救信。

又过了十余日，李陵诸军陷入芦苇泽中，匈奴趁机放火，想要一举歼灭李陵之部。李陵却看出了敌军意图，先纵火烧尽了周围的芦苇，以抵挡烈火入侵。退守山中时，李陵再度与匈奴交战，他冲着单于连发几箭，击垮了对方的心理防线。

"汉家何时出了这么一位将军？"单于退守后疑惑地问道。

"听闻这位是李广的孙子，名叫李陵。"下属将打探到的消息尽数上报。

"李广，"单于听到这个名字后身体不禁一抖，"昔年他带兵时，我军连阴山都跨不过去。如今，他的后人竟又来了。"

单于愤然拍案："此乃汉之精兵，这里又临近汉朝边塞。我们与之僵持恐对自身不利，还是趁早撤退为好！"

下属正要去安排撤退事宜，可此时营帐外，有人拖着一个汉军走了进来。

"报告单于，我们在山中俘获了一个汉军。"

单于立刻来了精神，将刀架在那人脖颈上逼问："你们还剩多少人？"

"不……不足千人。"

"不可能！"单于挥刀就要向他砍去。

那人为自保，忙叩首道："李将军此次一共就带了五千人，前几次交战，军士已损失大半，现如今真的不足千人了！"

"可有援兵？"

"无。"

单于收了刀，眼中再度焕发光亮："今日，本王便要会一会这位李广后人。"

二

北地冬天来得格外早，十一月黄沙漫漫，风似利刃般划过脸颊。李陵站在军前，看着漫天沙尘里，匈奴的战马正气势汹汹奔来。他握紧了手中长剑，身后残部也都坚持着直起身来。眼看着匈奴军逼近，李陵的眼中布满了红血丝。

"若祖父还在，也定不会让胡马踏过阴山。我既承祖宗遗训，自当以身守国门。"李陵怒吼一声，杀入了敌军之中。

一日交战后，军士又损失了大半。余下之人扶着李陵退守谷中，可没等他们找到栖身之地，匈奴的箭矢便先一步到来。

四面楚歌之际，单于隐没在汉军之中，以石相投，砸死了汉军数人。

"将军！咱们守不住了！"李陵的副将捂着滴血的手臂吼道。

"这么多日始终等不来援军，他们怕是已经放弃我们了，"副将嘶吼着，不甘心自己落得如此下场，"胜负已成定局，此时乞降，士兵们还能留下一条性命。若不然，只怕我们尽要曝尸荒野了。"

李陵回首望去，鲜血如河般流到了他的脚边。

这一月以来，他带兵北征，早已将这些士兵们看作手足亲人。眼看着他们一个个倒在自己面前，李陵的心像被剖开一般生疼。可他却无力阻止生命的陨落。

黄昏，天边晚霞似血，他立在尸骨之中，发出一声长叹："今夜，做最后的突围。若败，吾以己身换各位归汉。"

寒鸦数起，李陵率残部突围，声音引来了匈奴大军。在数千人的追击中，他的副将为他挡住了乱箭。副将倒下之时，李陵便知自己的最后一战还是败了。

"吾乃汉将李陵，愿归降单于。"

对面的单于嘴角勾起一抹笑意："奋战多日，总算等到李将军这句话了。"

李陵被带入单于营帐，他的双手垂在身侧，指尖滴着血，盔甲残破甚是狼狈。匈奴人押着他跪下，抬起头时，李陵双目通红似一匹孤狼。

"早就听闻李将军威名，今日得见，便觉传言不虚。"单于笑着将李陵扶起。

"李陵自愿归降，只求单于能够放我麾下将士一马。"他又单膝跪在了单于面前。

几个残兵，换汉朝大将，这门生意单于自然乐意。他大手一挥，李陵带来的步卒便被送出了军营。

夜空寂静，兵士们拖着伤痕累累的身躯走向远山。李陵立在营帐外，亲眼看着他们的身影消失在地平线。

李陵投降的消息迅速传回了汉宫。汉武帝大怒，下令要诛李陵九族。此时朝堂上无人敢为他求情，唯有一位清瘦的男子从人群中走出，跪在了汉武帝面前："李将军此战所带步卒不过五千，却与匈奴三万大军激战多日，拖住了匈奴攻汉的脚步。此等大义，颇有名将遗风。想来乞降或也只是缓兵之计。微臣以为，只要李将军不死，他一定会寻机报效大汉。还请陛下从轻发落。"

然汉武帝认为司马迁是在骗自己，于是将其处以腐刑。之后，边塞传来消息，说李陵正在为匈奴练兵意欲攻打大汉。武帝气愤至极，下令诛杀李陵族人。

李氏之案震惊朝野。为震慑李陵，汉武帝特派使者入匈奴，将消息告知于他。

听到消息后，李陵悲愤地怒吼道："吾虽乞降，却未向单于透露任何有关大汉的消息，陛下为何要诛杀吾族？"

使者看到李陵破败的衣衫以及千疮百孔的手臂，便知他所言不假。可事已至此，使者只能实话实说："陛下听闻将军在为匈奴练兵。"

李陵愤恨地捶着桌面："为匈奴练兵之人明明是李绪！"

李陵刚入匈奴时，路过一处山谷，见一位汉人将领立于匈奴军前喊着号令，底下的军士舞着长枪，招式尽是汉人功法。后听人说起，这位李绪将军是去岁降于匈奴的汉将，一直被藏在此处训练军队，是以鲜少有人知晓。

"家人何辜，受陵牵连至此。"李陵痛

苦地伏在地上，手中紧攥着一抔黄土，"听闻司马兄因为吾求情而致祸。还望大人归汉后，替陵向司马兄致歉。"

李陵说罢，拔出了腰中长剑，三两步跑出营帐，飞身上马离去。

越日，山谷传来消息，称李陵斩杀了同降匈奴的汉将李绪。

单于听闻此事后，忽然放声大笑道："好啊！好啊！好一个李少卿！"

阏氏十分不解："这个李陵胆大包天，大王竟还称好？"

单于笑着拍了拍阏氏的肩："他只有没了退路，才会真正效忠于我。"

"我不仅要给他升官，还要将咱们的女儿也许配给他，让他彻底臣服于我。"

阏氏大惊："大王怎能把女儿许配给这样一个人！"

单于并未在意妻子的惊讶，但他也未想到，自己刚出营帐，妻子派去的刺客就已抵达李陵身后。在他抽剑自卫之时，单于及时赶到，救下了李陵。

"此事源出于我，原本是想促成一段姻缘，却不想惹来阏氏的不快，"单于对李陵解释道，"为保你的安全，我决定送你去北边避一避风头。待她气消了，我自会接你归来。"

只是他们都未想到，比阏氏气消来得更早的是她的死亡。

三

胡尘飞，阴山下，李陵艰难地行走在山谷中，耳边唯有呼啸的风声。这是他乞降匈奴的第十一个年头。在这些漫长而冷冽的岁月中，单于的阏氏、汉代的君王，以及许多他叫不上名字的匈奴将士依次离世。如今的大汉，已在汉昭帝刘弗陵治下。

他依单于的旨意娶了匈奴公主为妻，儿女绕膝，似乎与在汉朝没什么两样。但他再也没有提及汉朝的旧人，仿佛那些故友都随风沙一并埋葬在了草原之中。时间似流水一般在眼前流过，他在日复一日的朝暮里过着安静的生活。

直到有一日，新的马蹄声造访他的营帐。李陵掀帘望去，一个沧桑的面孔出现在他面前。

"李将军，好久不见。"任立政的嗓音不知何时变得沙哑。

李陵有些不敢相认，同时他又局促地整理下衣冠，怕友人看出他的窘迫。

"任弟，你怎么来了？"他与任立政的交集，早就止步于十余年前。

"陛下派我出使匈奴，"任立政又继续道，"接你回家。"

"回家"一词，敲在了李陵的心门。他不自觉含了泪，而后又羞愧地低下了头。

"如今的大汉是什么样子？"

任立政笑着回他："圣上鼎盛春秋，又有霍大司马辅政，如今的大汉百姓安乐，只待卿归。"

"霍大司马？"李陵不确定地问。

"便是霍去病将军之弟，霍光霍大司马。"任立政耐心解释道。

李陵想起昔日校场之中，曾与他有过一面之缘。

"霍大司马说，李将军乃大汉栋梁，归汉之后，大汉必定重现李广将军之盛况。"任立政说话间，李陵已满脸泪水。

晚间，二人于帐中对饮，夜风吹起帐帘，带入一阵萧瑟。

"司马兄，如今过得如何？"李陵怯于提起这个名字，却又忍不住关心。

任立政叹了口气："司马兄受刑后消沉了一阵。我去看望过他几次，不是在酗酒，就是在昏睡，整个人都瘦得不成样子。"

李陵内疚地低下头。

而任立政却从怀中掏出了一卷竹简："后来，司马兄醉心于修史，耗时多年著成了这部《史记》。"

"书卷太过沉重，我背不过来，只带了这一册给你。"任立政将竹简递到了李陵手中。

他握着竹简，却始终没有打开的勇气。泪水滴在竹简之上，又滑落至他的手心。

"李将军，同我回去吧。"任立政再次劝道。

李陵却站起身来，背对他道："已淄之素，不可复白。我投降已成事实，无可更改。如今归汉，恐也免不了受人折辱。况且亲人皆不在了，回去……又能如何？"

二人痛饮至深夜，任立政醉倒在床边，李陵则敲着碗，唱起一首乐府歌："十五从军征，八十始得归。道逢乡里人：'家中有阿谁？''遥看是君家，松柏冢累累。'兔从狗窦入，雉从梁上飞。"

唱着唱着，帐外落下飞雪。

| 四 |

清晨，大雪将歇。李陵送任立政回朝，一直送到阴山脚下。

"李将军……"

李陵冲他凄惶一笑："我这一生，再也回不去了。"

任立政眼眶中含满了泪，他握了握李陵的手，翻身上马，马蹄印一直延伸至很远很远的地方。

李陵久立不动，飞雪落满他的肩头。直到任立政的身影消失，他依然痴痴立在原地，阴山之外是广阔的天地，唯他被长久地困在这里。

回首万里，故人长绝。李陵深一脚浅一脚地踩在雪上，风雪满眼，写尽了他半生光阴。在他意气风发的过去里，他也曾挽雕弓拔得校场头筹，也曾被君王亲赞有祖父李广之风，也曾觥筹交错与友人畅想着封狼居胥，也曾以五千步兵与匈奴血战十朝……只不过他的运气差了点，在那个离胜利一步之遥的月夜，一盆凉水兜头浇灭了他所有希望。

任立政带来的那卷《史记》，李陵始终不敢打开。那位因自己而受刑的司马先生会如何评价他的一生？是遗憾他身为李广后人却仍未圆满祖父壮志，还是扼腕他因折节而声名败尽？

是非功过本就如丝线般纷杂。而当下，他正于阴山脚下骑着胡马。

> 有些想念只堪独自酝酿，倘若随意泼洒出来，唯恐落了轻薄。

婴宁：
有狐拈花而笑

❋ 洛小荷

喜欢与花朵结伴的姑娘，心里一定藏着春天。

那是一个温柔宽厚的春天，招架得住酢浆草滚地撒泼，也不厌烦紫藤萝的厮缠，愿意静下心来听木讷的青苔讲它鲜绿的梦，还乐意帮飞蓬照拂留守的根芽。这样的姑娘，连天地风露都愿多眷顾她一些，花朵更是悄悄匀给她微笑的天赋。

如果你有幸步入她的春天，最好不要让乘虚而入的世俗戾气惊扰到她。王子服就是那个幸运的傻小子，他是被婴宁抛落的一枝梅花勾入春天的。

之前他从没见过这般不懂矜持的姑娘——看见痴望她的陌生男子，仿佛看见新鲜好玩的风物，乐得花枝乱颤，还跟丫头点评道："个儿郎目灼灼似贼！"可她自己倒偷走了别人的心魂。

回到家中，丢了心魂的王子服寻不到可医相思的良方，只能靠那枝留作念想的梅花续命。他不说话也不进食，在愈发单薄的暗香中怀念惊鸿一瞥。梅花枯萎了，他也被执念逼得形销骨立。他望着前来探访的表兄哽咽难言，做人真难啊，孩童尚可为错失的玩物号啕大哭，而他的眷恋却只能招来几句嘲弄。

王子服终于打探到那姑娘的消息，表兄说她恰是王子服的姨表妹。表兄推脱着不肯相陪，王子服索性独自穿过三十余里山路，在一处花影掩映的庭院前徘徊而不敢入。烟柳笼了门楣，桃杏探出墙来笑闹一片，那姑娘应是住在这儿吧？

正怔忪间，王子服望见了笑得比桃杏更甜的姑娘。可他不敢上前搭话，有些想念只堪独自酝酿，倘若随意泼洒出来，唯恐落了轻薄。傻小子从清晨熬到黄昏，若不是姨母闻讯前来攀亲，真不知该如何收场。

姨母的家常话絮絮如柳花，而那姑娘的笑就像不时鼓动的顽皮风儿，把柳花吹得更散乱。

王子服浅笑，他听清了，她名唤婴宁。直到望见婴宁坐在花树上笑成扑簌欲落的一朵，他才深切体会到，她当真配得起这个名字。她就像安睡在嫩蕊里的婴儿，风吹到她身旁就软了心肠，唱起透明的歌谣，把初阳滤作脂玉般的光晕。

他从袖中擎出那枝枯萎的梅花，婴宁却未解风情，笑话他把一朵花看得太重，若他真喜欢，就折一大捆花送他。遇到心思如此清浅的姑娘，王子服反而不窘迫了，把以往羞于启齿的痴心悉数倾吐。

婴宁懵懂的回应让他哭笑不得，仿佛他洒了一场情意缠绵的桃花雪，婴宁本应感之涕零，而此刻却只晓得滚雪球、堆雪人，兀自乐不可支。

王子服受姨母所托带婴宁回家，拜过母亲，才知表兄先前的"姨妹"之说竟是诳语，众人对婴宁的身世惊疑不定。后来才知，姨母早逝，鳏居的姨丈被狐妖所惑，得一女儿名唤婴宁。姨丈病逝后，狐妖不堪天师符咒，伺机带女儿离开了，后又把女儿托付给姨母的亡魂。

婴宁似乎并不为自己的离奇身世忧虑，在众人审视的目光中憨笑如常。旁人的笑或是浮在面上，或是在心底埋藏太深，需要几经辗转才能引逗出来，而婴宁的笑就像灵气充盛的花骨朵儿，时刻飘飞于她所在的空气中，不待风吹就激滟一片，把身边人的心肠都暖化了。这样的姑娘自然讨人喜欢，再加上并未发现她有异于常人之处，母亲便允了两人的婚事。

嫁作人妇的婴宁仍是四处化解怨怼的开心果，却在爬上木香树摘花时，被邻家登徒子觊觎，她略施法术惩治不轨之人，却被揭发妖异之相，给王家惹来灾祸。

待风波平定，母亲对婴宁的娇憨略有微词，婴宁第一次敛了笑意。像看到开得正盛的花一下子抽离了鲜活之气，母亲有点心疼，叹道："人罔不笑，但须有时。"可婴宁终是不再笑了，也无悲戚的神色，只是沉静得像一潭深水。

这只小狐不明白，人心太复杂了，一个简单的神情就会招惹万千解读，甚至善意的微笑都有可能被恶人诬作把柄。她真的不知何时该笑、何时不该笑了。如果会连累到身边的人，她宁愿割舍微笑的天赋，隐痛自己熬过去就好。

王子服第一次见她落泪，是为他的姨母而哭。当年已成亡魂的姨母对她有收养之恩，如今姨母孤葬荒野而不得夫妻同穴，婴宁难以安心。王子服帮她完成了夙愿，每年寒食都陪她前去祭扫。

他待婴宁应是极好的，只是蒲松龄从未提及他对婴宁"竟不复笑"的态度，让人心生怅惘。世道森严，爱妻如他，也没能帮婴宁挡开世俗戾气。

后来婴宁生下一个爱笑的孩子，"不畏生人，见人辄笑"，人人都说他"大有母风"。孩子大概是不忍看娘亲珍藏的春天毁于一旦，才悄悄拾起了她零落的微笑。

安茜：从以身入局到冲出紫禁城

✽ 陌枝野

安茜在处境最屈辱时，守住了自己的道德底线，却在美好生活即将到来时，走向了一条良知崩塌的不归路。

一

近日重温《金枝欲孽》，发现这部所谓宫斗剧无论从立意和形象塑造，还是人物心路历程及对生命的态度方面，都很有特色。

大多宫斗剧往往从少女的天真懵懂和对爱情的向往出发，经历刁难与幻灭，轻而易举地便完成"黑化"。而身在其中的人物，更多的是委屈、自怜和无奈，并以大环境的恶劣豁免了个人的自由选择和良知拷问。

《金枝欲孽》走的则是相反的路线。剧中任何一个人都未曾有过与皇帝发生爱情的幼稚幻想。她们知道走进紫禁城，就是迈入龙潭虎穴。她们怀抱自己的欲望卷入斗争，或成功或失败，她们为此承担代价，也不经意间从暗黑的环境中，闪烁出一点人性的火花。

安茜，是一个绕不过的经典形象。

二

安茜只是一个宫女，在宫中服侍多年，经验丰富。

她出场时，在新一届的一众小主面前气度超然，落落大方，浑身上下没有一丝"奴才"气。

她熟悉紫禁城的阶级分明和身为奴才狭窄的生存空间。多年来，凭借自己的聪慧和周全，在后宫还算安稳。也许是因为还有半年便要出宫了的缘故，安茜一边提醒自己"莫生事端"，另一边却开始放松警惕，伸出了一双"有为"的手。

同乡素樱因打碎送子观音一事，被秘密处决，她试着去阻挡，没有成功，却让掌事的公公产生不满。众小主避免与如妃撞衫一事，她提醒玉莹有人在陷害她，由此卷入了新晋小主的明争暗斗。

而如妃的召唤最为致命。安茜明知尔淳是徐公公安插在宫内的棋子，却无法如上位者所期待的那样，以出卖这位年轻小主为投名状，换取自己的安全。更有甚者，她还积极帮助尔淳摆脱嫌疑，以免她刚入宫廷便被无情地绞杀。

上位者有太多手段去惩罚不肯投诚的下位者。如妃无须大动干戈，她只是玉唇轻启，要将安茜配给鄂公公做妻房，安茜的尊严和关于未来生活的憧憬便碎了一地。

安茜无法与如妃抗争，她的内心充满悲怆。她六神无主，直愣愣地望着宫门，以一个愤怒者的姿态，似乎要不管不顾地冲出紫禁城。安茜闯宫，是全剧最为动人的画面之一，也成为安茜命运的一个隐喻和缩影。

心比天高，身为下贱，任是她洞悉了紫禁城的生存法则和残酷现实，也未能置身事外。鄂公公步步紧逼，将她压榨到崩溃边缘。安茜在惊慌中，失手刺中了鄂公公的侄子。爱慕她的孔武为了帮她，更是把鄂公公投入了井中。

宫廷里秘密多，又藏不住秘密。两个大活人失踪了，又能隐瞒多久？此时的安茜该如何选择？下位者是否有选择的自由和权利？

也许以此为契机，去推动安茜的"黑化"合情合理。但《金枝欲孽》的创作团队显然不这么想。他们在这个普通而善良的宫女身上，寄托了气节、尊严和自由意志等高贵品质。

自由、良知与安全是一个不可能三角。安茜知道坚持良知的代价，但经过挣扎和思虑之后，她准备面对自己的命运，以个人的承担和可能死亡的结局，来换取事件的平息和他人的安全。

这是安茜的人格高度，在剧情的前半段，她令人心生敬畏。

三

然而，就是这样一个安茜，终究还是"堕落"了。

鄂公公事件得以顺利过关，得益于皇后的介入。皇后之所以选择介入，除与如妃的争斗外，还因为那井里藏着多年前她亲手制造的惨剧。

安茜何其不幸,刚逃离如妃霸道的召唤,又引来皇后虎视眈眈的注视。她本以为,再低调一点,熬过半年就可以出宫了。她与宫廷侍卫孔武两情相悦,出宫后可以享受平淡正常的生活。

但是,小禄子带来的消息让她的未来万劫不复。原来,奶奶的死并非遭受野狼攻击,而是皇后为了让安茜安心留在宫中为她做事而筹划的阴谋。上位者为了微不足道的一点私心,便可以毁掉你最珍视的情感。

安茜与那道宫门只隔着一道门槛。她曾经站在门内,迎接千里迢迢来看她的奶奶,并期待着跨过这道门槛,便可以再也不用回头。如今,她为了报仇,选择永远留在这道门槛之内。

留下,是因为对唯一亲人惨死的痛惜,更是对皇后玩弄人心、视人命如草芥的愤怒。

自古大仇难解,但面对皇权,也很少有人主动冲上去。毕竟,"君要臣死,臣不得不死"。即便不用这种愚忠要求自己,现实也存在不可逾越的鸿沟。

要向皇后报仇,只有依靠皇帝。安茜那一向清醒的头脑已被仇恨冲昏,她甚至自以为可以成为皇帝最宠爱的女人。为此,她先是放弃了孔武的感情,接着欺骗了视她如姐妹的玉莹,通过抢夺玉莹的机会,一跃成了宫里的安贵人。

安茜在被如妃苦苦相逼、处境最屈辱时,守住了自己的道德底线,却在美好生活即将到来时,走向了一条良知崩塌的不归路。

仇人安然无恙,自己亲近的人却抢先被刺痛、被伤害。

复仇,是有代价的。

四

安茜拥有宫斗剧中最理所当然的困境。亲人的冤屈不能视而不见,权力的威压和凌辱令她无路可走,"黑化",成为无可指摘的选择,一切如套路般自然。

然而,创作者的水平,却在这条路上分出高下来。

内心刚刚建立起一点对他人的信任的玉莹,愤怒于安茜的背叛,设计出一条毒计,企图将孙白杨、尔淳、安茜陷入丑闻。尔淳深爱孙白杨,安茜不想孙白杨被拉下水,玉莹原本赌的是她们的感情和良知,却因为孙白杨明知被算计,依然对自己无怨无悔地痴恋,使自己也陷进了这个局。

安茜敏锐地发现了玉莹情感的变化,并说服尔淳加入这场情感的博弈。最终,玉莹自毁前程,救了孙白杨一命。

安茜很聪明,她赢了这场赌。但同时,她也彻底输了这场赌。

那一晚,她厌恶地推开搭在她身上的皇帝的手,在明明胜利的情况下,感到彻骨的寒冷。也是在那一晚，安茜开启了自我反省："为什么虚伪无情如玉莹，却最终做出有情的选择？我果真是有苦衷吗？还是我原本就是这样一个无情算计的冷血之人？"

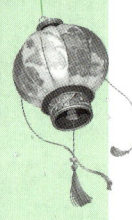

安茜的自我诘问，是这个人物的又一高光时刻，甚至超出她前期对良知的坚守。环境固然影响和塑造个人，但在每个人的意识深处，仍有自主选择的空间。

真实的人生不是爽剧模式，后宫也从来不是打怪升级的场所。安茜机关算尽，也只能止步于贵人。她未能动摇皇后一分一毫，反而搭上了好友小禄子的性命。

就在她的复仇计划暴露，生命危在旦夕之时，天理教攻入皇宫。一场大乱开启了安茜的逃亡之路。这一次，输得一干二净的安茜，没有任何犹豫地踏上了自由之路。

安茜与那道宫门只隔着一道门槛。这一次，她成功冲出了这道门槛，背上却带着一支足以要她性命的飞箭。《金枝欲孽》的创作者对她如此苛刻，让她一次次困在那一步之遥中。但他们又如此钟爱这个角色，慷慨地把这个复仇者转变成了启蒙者。

受了重伤的安茜，用最深情的语调，描述了她的家乡。她把那个长着小黄花的美丽之地送给尔淳，并告诉她一定要离开紫禁城，从此不要再受人摆布，要做自己，为自己而活。

她把心中的那份海阔天空，传递给了同伴。

五

愤怒闯宫、自我诘问和启蒙尔淳，这三个场景，彰显了安茜的人格魅力，构成了安茜的丰富与深刻，也奠定了整部《金枝欲孽》刚健、勇敢的格调。

《金枝欲孽》所展示的宫廷是绝望的。没有什么爱情的幻灭，皇权之下，原本就不可能有爱情。更没有所谓不快乐的"赢家"，在那森严的等级里，能做到一个小小贵人，已然耗尽了全部的资源和力气。

就是在这样艰难的环境里，《金枝欲孽》生发出了大胆的乐观。尽管整部剧总是笼罩在凄婉、忧伤的氛围中，但那些卑微柔弱的女性内心深处，酝酿着惊人的情感与力量。

乐观不是令人简单宣泄的爽感。真正的乐观，来自面对悲剧彻底的绝望，来自经过自我审视后的觉醒，来自罗曼·罗兰所说的"看清生活的真相之后，依然热爱生活"的英雄主义。

正因为秉持着这份英雄主义，《金枝欲孽》才愿意同时看到一个人的崇高与卑劣，并相信"人"拥有自省和自救的能力，可以在最艰苦的环境中，勇敢地走向爱与自由。

他最怀念的，莫过于在少林寺做小和尚的时光。佛前诵经，堂前扫地，青灯黄卷，一粥一饭。

虚竹：少年不懂虚竹苦，读懂已不再少年

✻ 白行简

"飞雪连天射白鹿，笑书神侠倚碧鸳。"金庸先生笔下的江湖夜雨，是每个少年心驰神往的世界。

在这之中，我最爱《天龙八部》。

少年时初读，还是十七八岁的热血年纪。在大学的图书馆泡一整天，废寝忘食，一口气看完，心潮澎湃、热血沸腾。

既为乔峰和阿朱的"塞上牛羊空许约"黯然落泪，也为段誉"究竟有几个好妹妹"啼笑皆非；为天山童姥情深错付而遗憾，也为虚竹和梦姑终成眷属而欣慰。有哭有笑，苦乐参半，真不懂陈世骧先生为何说这书："无人不冤，有情皆孽。"

在我看来，有些人实苦，可有些人就很幸福，比如虚竹。

可是，许多年后再读《天龙八部》，终于读懂了虚竹悲剧的命运。那是深埋在皑皑白雪之下的隐秘伤口，是平静海洋之下的汹涌洋流。无法诉说，也无法治愈，只能被命运推着，步步向前。

一

虚竹本是少林寺一个寂寂无闻的小和尚，性格木讷内向，资质平平，毫不出众。他真的没有乔大侠的气概，也没有段公子的风流，沉默得像一个"跑龙套的"。

虚竹的出场，和我们每个人出生的时候何其相似：大部分人来到世间都是两手空空，人生的际遇如何，多数时候要靠自己的一双手。

然而，虚竹是幸运的。机缘巧合之下，他误打误撞得了无崖子七十余年的内力，又成为逍遥派掌门和灵鹫宫宫主，还与乔峰和段誉成为结拜兄弟。这都还不算，多少武林中人，包括慕容复都拼命谋取的西夏驸马之位，也落在这个糊里糊涂的"傻小子"身上。名利与美人双得，爱情与事业都不落下。不去强求，而事事尽得。

我同情乔峰，为他的英雄失意；我哀怜阿紫，为她的执迷不悟；我可怜游坦之，为他的爱意错付。但是，我羡慕虚竹，为他可遇不可求的人生际遇和毫不费力的功成名就，那是多少人梦寐以求却可望而不可即的终极目标。

大学毕业后，急急忙忙投入职场，为生活、为未来前路不测时时发愁，不知要攒多久钱才能买得起房子，何时才能遇到命中注定的那个人。

万事都那样艰难。

于是，忍不住常常幻想自己能有虚竹的际遇：不必那么努力，也能有幸运女神的眷顾，逆天改命，一劳永逸。

二

不觉已大学毕业多年，疲于奔命，久不读书。今年年初，又从书架上又找出《天龙八部》，多年不读，它已蒙尘数尺。

距离少年时初读此书，已经过去许多年了。

青春不再，热血已改，生活的意义从波澜壮阔已然变为平淡是真。这时再看此书，才发现十几年前对金庸的误解。

在一个寻常的春日午后，我忽然读懂了虚竹的苦。

江湖之中，想要盖世武功的人很多，梦想成为西夏驸马的人很多，渴望美人和爱情的人也不在少数。

但虚竹恰恰不是其中一个。他就是个小和尚，他想要的不过是能安安稳稳、平平淡淡地待在师父身边，做一个小沙弥，读一些经书，练一些少林功夫。

当然，他也有梦想，他的梦想便是找到自己的亲生爹娘。

而命运给了虚竹什么呢？师徒情断、爹娘双亡、戒律全破、被逐出寺院。

诚然，虚竹拥有了梦中女郎，拥有了西夏王国的财富，拥有了武林中的地位，人人得仰望着他的高高在上。可是，看一个人成功与否，不能只去看他拥有什么，而要看他想要什么。

在人人都想要地位名声和高强武功的江湖中，虚竹真正想要的是什么呢？

我读来读去，却发现他最怀念的，莫过于在少林寺做小和尚的时光。佛前诵经，堂前扫地，青灯黄卷，一粥一饭。

后来，他拥有了许多世人都想得到的东西，却再也回不到当初的平淡无忧。

三

误读《天龙八部》的那些年，经历了毕业后被人潮裹挟着进入社会打拼的磨难，看到了身边所有人都在为车子、房子和票子努力，为功名利禄奔波。

我想，跟着大多数人的脚步向前走，应该不会出错。于是，埋下头，被人群裹挟着浑浑噩噩往下走。

直到有一天，忽然被迫直面生死，我才开始真正思考生命的意义——抛却别人的影响，自己想要的人生是什么样子的？

终于，我读懂了虚竹看似幸福的结局下悲剧的内核。

他不幸福，也不会幸福。

因为，幸福的标准永远只有一种，那便是以自己喜欢的方式度过一生。

那时风动

寄信给从前，蝴蝶跃出纸面

一幅幅的漫画，就如一首首的小诗——带核儿的小诗。

丰子恺：
人散后，
一钩新月天如水

❋ 月满天心

丰子恺有一幅漫画，竹帘垂落，月牙弯弯。竹帘下，一张桌子，桌子上几个茶杯，大片留白。题款：人散后，一钩新月天如水。寥寥几笔，疏朗简洁，意境恬淡。

这是一幅友人聚后的场景，安然静谧，悠远平和，人散后，一弯月缓缓升起，遥遥挂在天空，房檐瓦舍在夜色中伫立，世界都安静下来。

有人叹千里搭长棚，没有不散的筵席，从而悲观落寞，觉得人终有一散，没有趣味。可是在丰子恺这里，人散后，有豁达，有恬淡，有天空地远的一份安逸。人聚时，热闹、喜悦；人散后，心境悠然。

丰子恺是新中国成立后上海中国画院的第一任院长，是当之无愧的中国漫画第一人，自他之后，中国才有了漫画。

1898年，丰子恺出生在浙江省崇德县，他是同辈中唯一的男孩子，被温情与爱呵护着长大。或许跟童年得到过很多爱的滋养有关，他慈悲豁达、内心纯净，很少有寥落悲观的时候，面对坎坷与苦难，始终温和有趣。

他的父亲是一位举人，生不逢时，中举后，中国就废除了科举。百无聊赖的父亲闲在家里无事，就很注重生活品质，每年都要带着孩子们开螃蟹宴，将螃蟹吃出仪式感。

父亲是读书人，家里有很多藏书，七八岁的时候，父亲带着他读《三字经》《千家诗》。他被《千家诗》里面的木刻插图吸引，从此开始偷偷描摹，开启了绘画之路。

后来，丰子恺考上了浙江省立第一师范学校，在这里，他又遇到了两位影响一生的恩师——李叔同、夏丏尊，李叔同教音乐与美术，夏丏尊教语文，两个老师的思想长成了丰子恺骨子里的营养。

李叔同第一个发现了丰子恺的绘画天赋，认真引导他，在校期间，丰子恺的画飞速进步。

有一次，丰子恺与主任发生冲突，主任要开除他，所有的老师都沉默，李叔同站出来发表了意见：丰子恺是个人才，平时也无大过，如果因为一次犯错就葬送前途，将是我们国家的损失。若能宽恕，全其人格，将来必有大作为。

因为李叔同关键时刻的几句话，丰子恺免于开除。

丰子恺后来在回忆文章中说起这两位恩师，说他们给了他父母般的教育，李叔同端正严肃，给的是"爸爸的教育"，夏丏尊随和温润，给的是"妈妈的教育"。

后来李叔同出家，丰子恺深受影响，也开始笃信佛教。他还在恩师的影响下绘制了《护生画集》，只为以诗画的形式，劝人放下杀念，慈爱众生。

丰子恺很喜欢画柳树，他的画中有很多点景都是柳树，他的住所也种了很多柳。人们都觉得梅兰竹菊是君子，是中国画中永恒的题材，丰子恺却认为：花木大都是向上发展的，向上原是好的，但我往往看见枝叶花果蒸蒸日上，似乎忘记了下面的根。杨柳长得很快，而且很高，但是越长得高，越垂得低。千万条陌头细柳，条条不忘记根本。

不忘根本，谦逊低调，是丰子恺为人处世的原则。

有一次，他画一个人牵了两只羊，画了两根绳子。一位先生跟他说：绳子只要画一根，牵了一只羊，后面的都会跟来。后来丰子恺仔细观察，果然是这样的：牵着一只羊走，后面的羊就会都跟上来，哪怕是走向屠宰场，羊们也不会掉队。他恍然大悟，明白了所有的艺术都来源于生活的智慧。于是，他更加虚心向下，他的笔下，不是那些宏大的题材，他画寻常巷陌，画烟火人生。

丰子恺本该安稳一生，画画、写文章、教书、开创新画派，做恩师那样的人。然而抗战来了，丰子恺开始了逃亡之路。他带着家眷一路逃难,辗转几省,尝遍离乱之苦,他将这份愤怒都化成了抗日宣传画,一路上,他发出"艺术救国"的号召,也第一次画出了残忍的画,以此控诉日本人的罪行。

此外,他还编写了抗日歌曲。

抗战胜利后,丰子恺一家回到家乡,家里的房子已经毁于战火,一切都不复存在。

然而,这些并没有改变画家一颗温润的心,他依然以一颗赤子之心作画。

小贩、乞丐、乡野村人、愚顽儿童都入得他的作品;寻常巷陌、烟火人生都是他的道场。他不追求传统中国画中的线墨,而是一条粗细均等的线条到底,粗、直,不求变化。其实仔细观察,他貌似毫无变化的每一根线条都有飞白,那些或透彻或微小的飞白笔,像是他稳重的内心与性情,每一缕线条都是童心之美。他也不靠墨色来渲染意境,他就画最普通的生活。

固守传统的人站出来反对他,说他的画根本不是中国画。然而时间给出了答案,过了那么久,人们还是喜欢他。

丰子恺大概是最爱小孩的男人了,他将小孩奉若神明,他说:"这小燕子似的一群儿女,是在人世间与我因缘最深的儿童,他们在我心中占有与神明、星辰、艺术同等的地位。"

丰一吟回忆家住在西湖边上的时候,父亲希望她有一些古典文学的修养,便将屈原的《离骚》用小楷写在扇面上,于是挥扇的时候,她的目光不觉落在"惟草木之零落兮"上……

他爱猫成痴。

他有一张晚年的照片,穿着棉衣,戴着棉线帽,须发洁白,伏案作画,他的小猫伏在他的肩膀上。还有一张照片,他在窗前看书,大概也是冬天,窗前的一缕光打进来,猫咪就蹲在他的头上,和谐得就像那猫咪本来就是长在那里的。

一人一猫,这种陪伴,可抵无数漫长岁月。

丰子恺少年时父亲离世,后经历战乱,携家带口逃了大半个中国,可谓一生不得安稳,可是他的画、他的文章从没有一丝怨气、戾气。

朱自清曾评价丰子恺的画:"一幅幅的漫画,就如一首首的小诗——带核儿的小诗。"

在困苦中坚持慈悲与温柔其实很难,这或许是与生俱来的性情。

丰子恺自小便被包围在脉脉的温情中,这种温情后来跟随了他一生,浸透在他的性格里,使他总是以温柔悲悯的心来看待事物。发散在他的笔下,就变成平易的文字和纯仁的画风。

他笔下的愁也是清淡的,有一点儿无奈,但更多的则是豁达,如秋风吹过芦苇般,既萧瑟,又有美感。

他说:心小了,所有的小事就大了;心大了,所有的大事都小了。

他说:不乱于心,不困于情,不畏将来,不念过往。如此,安好。

人散后,并不全是凄凉,也还有一弯新月,照耀大地。

林徽因：原生家庭是我的桎梏

✻ 潘彩霞

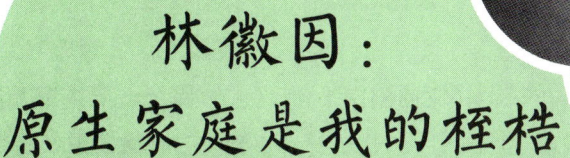

美好，她留给世界；疼痛，她独自承受。她无愧于金岳霖献上的那副挽联："一身诗意千寻瀑，万古人间四月天。"

网络上流传有一句所谓林徽因的名句："这世上有两个我，一个躯壳喂日常，一个灵魂补岁月；一个在文字里白马春衫浅浅行，一个在生活里蝇营狗苟兀兀穷年。"

不管是否出自林徽因本人，这句话似也照见了她的人生。

一身诗意的女神，也逃不过生活的一地鸡毛，再摊上个幽怨颇多、不理解她的母亲，简直就是灾难了。

母亲何雪媛是旧时代女子，作为续弦，嫁入林家的任务就是传宗接代。她生了一儿二女，可是偏偏命运不济，只有林徽因幸存下来。生子无望，又没有一技之长，不论学识还是女红，都拿不出手，这难免被出身大家闺秀的婆婆嫌弃，被毕业于早稻田大学的丈夫冷落。

为了延续香火，与何雪媛结婚十年后，林徽因的父亲林长民娶回了二姨太程桂林。程桂林来自上海，大城市的小姐，自然不是出身小镇的何雪媛能比得了的，更何况，她年轻、讨巧、争气，一连生了几个儿子，举家欢喜。

从此，林长民把自己的居所命名为"桂林一枝室"，对程桂林的宠爱可见一斑。与之相反的是，何雪媛和林徽因住在后院的小旧屋子里，相依为命。被"桂林一枝室"的欢笑声刺激着，何雪媛整日郁郁寡欢。像一把秋天的扇子，无人问津，她嫉妒，她怨怒，逐渐脾气暴躁、性格怪异。

阴云笼罩之下，林徽因变得敏感、早熟，没有了童年。

作为政治家、外交家，林长民时常

在外，十二三岁时，林徽因已担起成人之责，两位母亲，几个弟妹，都需要她的照料。在给父亲的信中，她汇报：二娘病了不肯去医院；三弟林恒夜里啼哭，乳母粗心，不管不顾，她"不忍听，起抱之，徘徊廊外一时许，恒始熟睡"。

林徽因卓越的品性以及文字间的灵气让林长民"甚喜也"。

父亲才华横溢，见多识广，林徽因本能地想要亲近，并真心地爱他所爱。面对母亲的诸多不满，她小心地周旋着。

1920年，林长民赴欧洲考察，他欣然带上了16岁的林徽因，目的有三："我此次远游携汝同行，第一要汝多观览诸国事物增长见识；第二要汝近在我身边能领悟我的胸次怀抱；第三要汝暂时离去家庭琐碎生活，俾得扩大眼光养成将来改良社会的见解与能力……"

果然，这次旅欧为林徽因打开了新世界的大门，所见皆是海洋邮轮、古迹名胜、名流雅士，那是守着一方井底的母亲永远无法给予的。在与父亲的合照上，她自然地靠过去，搂着父亲的肩，他们的眉眼、神情是那样相似。

女儿得到父亲疼爱，何雪媛也是愉悦的，可怜的自尊总算得到一点点安慰。谁能想到呢，政治活动充满风险，在一场战乱中，林长民被流弹击中，不幸殒命，年仅49岁。

此时，21岁的林徽因正和梁启超的儿子梁思成一起，在美国攻读建筑学。

家中塌了天，何雪媛六神无主，传递讯息的任务交给了梁启超。

梁启超写信给梁思成："消息若确，我也无法用别的话劝解她，但你可以将我的话告诉她……我从今以后，把她和思庄一样看待，在无可慰藉之中，我愿意她领受我这十二分的同情，度过她目前的苦境。"

思庄，是梁启超的女儿。他没有食言，对林徽因视如己出。倚赖于梁家的帮助，林徽因完成了学业。1928年，她和梁思成结婚，携手回国。

在北平她家的客厅里，文人汇聚，沙龙女主人风华绝代、光彩照人，一度让众人为之倾倒。而当宾客散去，林徽因又不得不面对现实的不堪。

那时，何雪媛跟着女儿生活。丈夫没了，林徽因就是她的依靠。然而，她们的相处并不融洽，在精神上，她们隔着千山万水，互不理解。

三弟林恒来北京投考清华大学时，暂住林徽因家。看到当年那个在怀中安睡的婴儿长成了英俊青年，林徽因非常欣慰，极力照顾。因为参加的游行遭到镇压，林恒被毒打，随后失踪，林徽因焦急万分，连夜寻找，终于从一个偏僻的胡同里将他接了回家。

可是，何雪媛是愤怒的，林恒的母亲于她，有夺夫之恨，恨屋及乌，她不能容忍女儿对情敌的儿子好。在鸡毛蒜皮的小事上，她总要争个高下，这让林徽因非常苦恼。

在给好友费慰梅的信中，她讲述了自己被亲生母亲"逼进了人间地狱"的事：

"……我发现母亲突然有点儿体力不

支,家里有种不祥的气氛。我只好和我的异母弟弟深谈以往,以建立一种相互了解,使目前这种密切来往能够维持下去。这搞得我筋疲力尽……到我临上床时,真恨不得去死,或从来没有出生在这么个家庭里……

"这一次,或说这三天来,我自己的母亲简直把我逼进了人间地狱。

"……早年的家庭争战,已使我受到了永久的创伤,以致如果其中任何一点残痕重现,就会让我陷入过去的厄运之中。"

偏执的母亲,常常把她拉回到少年时的那个充满敌对的旧式家庭。

胸中愤懑,她诉诸笔端,在短篇小说《绣绣》中,她讲了小女孩绣绣的故事:母亲生了几个子女,但都不幸夭折,父亲另娶,绣绣和母亲被迫寄人篱下,在母亲的暴躁中,绣绣艰难地成长着……

在笔下,她心疼着"绣绣",她试着理解母亲,可是很难。

抗战爆发后,何雪媛跟着女儿、女婿流亡,在四川李庄,他们迎来人生中最艰难的时刻。可是,就是在这样的贫穷、疾病和战乱中,何雪媛的"极其无能又爱管闲事",无端地给林徽因制造了许多摩擦。林徽因烦闷地告诉好友:"我经常和妈妈争吵,但这完全是傻帽和自找苦吃。"

只有工作,能让她忘掉烦恼。不顾肺病加剧,在低矮破旧的农舍里,她经常工作到深夜,协助梁思成修改《中国建筑史》的初稿。

条件艰苦,没有药物,她长久地抱病在床。那些日子,曾再现于梁从诫的笔下:"她的病情一天天沉重,却得不到像样的治疗……几个月的工夫,母亲就……成了一个憔悴、苍老,不停地咳喘的病人。"

但在这样的苦难岁月里,她依然乐观坚强。儿子曾问她,如果日本人真的打进四川,打算怎么办。林徽因面色凛然:"家门口不就是扬子江吗?"

抗战胜利后,一家人回到北平,而林徽因也被数年的颠沛生活吞噬了健康。拖着病体,她帮梁思成筹建清华大学建筑系,新中国成立后,她又提出种种建筑设想,绘制美好蓝图。

生命的最后两年里,她靠在一个特制的大枕头上,为病床前聆听的学生传授知识。在学生们眼里,瘦削的她,依然眉目如画,气质高雅。

1955年4月1日,燃烧了51年的生命之火熄灭,梁思成亲自设计的墓碑上,题写着七个大字"建筑师林徽因墓"。

虽然母女缘分尽了,但何雪媛仍然跟着女婿梁思成一起生活,即便他后来娶了林洙。1972年,何雪媛于90岁高龄时离世,几十年的恩怨情仇落下帷幕。

多年后,林徽因的儿子梁从诫这样回忆母亲:"她爱父亲,却恨他对自己母亲的无情;她爱自己的母亲,却又恨她不争气;她以长姊真挚的感情,爱着几个异母的弟妹,然而,那个半封建家庭中扭曲了的人际关系却在精神上深深地伤害过她。"

美好,她留给世界;疼痛,她独自承受。她无愧于金岳霖献上的那副挽联:"一身诗意千寻瀑,万古人间四月天。"

瞿秋白：文人风骨，至性至情

*慕兮

曾携手风雨高楼，曾携手投身洪流，秋之白华，白华之秋，他们此生不能白首，能做的，便只有相守了。

写到瞿秋白，便想从长汀那个夏花初绽的六月写起。

那时他独坐八角亭上，自斟自饮，谈笑自若。杯中酒尽，他便缓步走出，在中山公园寻了处空旷之地向北而坐，回头看了看身后的行刑者笑着说："此地甚好。"而后从容就义。

这个无论是治学、从政，还是对待感情，都至真至纯的文人，和他未尽的理想，永远留在了长汀的初夏时节。

眼底云烟过尽时，正我逍遥处。

一 书生从政

时间回到1917年的夏天，那一年的瞿秋白18岁，还是个白净文弱的书生。母亲自杀，家庭离散后，他孑然一身跑到北京投奔亲友，没能实现在北大研究中国文学的心愿，转而去外交部不收学费的学馆修习俄文。

若没有那一场震惊中外的"五四运动"，或许他会成为一个作家，一个翻译家，一个医者，平凡而安稳地度过此生。那时的北京城，爱国运动进行得如火如荼，先进思想和保守主义的抗争从未停息过。古人道"百无一用是书生"，此言差矣。

北京的学生联合起来，将革命闹得轰轰烈烈。文弱之人，骨子里却是一腔"治国平天下"的热血，瞿秋白又怎能冷眼旁观？

他的才气和学识很快让他脱颖而出。先是加入马克思学说研究会，与李大钊等人宣讲他的革命理想，之后又上街演说，组织学生运动，振臂高呼，掷地有声，还和各地学生代表一起集聚新华门抗议请愿。几次被政府非法拘留，他亦无惧无畏。书生心头热血，文人至性至情，他俨然成为学校的政治领袖。

1920年,瞿秋白被北京《晨报》聘为特约通讯员,前往莫斯科采访。那时的俄国,战争尚未结束,形势一片混乱,人民处在水深火热之中,可瞿秋白却毅然前往。

在十月革命后的俄国,他曾和列宁有过简短的交谈,并担任了东方大学中国班的助教和翻译。这些革命热忱,无疑更坚定了他的拳拳爱国之心。

1922年,瞿秋白担任陈独秀的翻译,随他启程回国。1923年夏天,瞿秋白被请到上海大学担任教务长兼社会学系主任,继续为了他的革命和理想而奋斗,更多的爱国志士聚集到了他的身边。

古时有班超投笔从戎,感慨"大丈夫无它志略,犹当效傅介子、张骞立功异域,以取封侯,安能久事笔研间乎";近代有张謇高中状元,却走上了实业救国的道路;又有鲁迅心系天下,为了根治国人,弃医从文……时局动乱的年代,无数人为兼善天下做出牺牲。

至此,瞿秋白完成了从书生到政治家的蜕变。

也是在上海大学,他遇到了那个可以与他相伴终生的人。

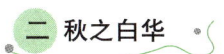

二 秋之白华

瞿秋白的故乡有一条觅渡河,河水缓缓流过他的家门口,有人曾感慨那像是他不寻常的一生。年轻的生命正如这河上的一叶小舟,觅渡觅渡,不见归路,直到与她相遇。她不是宁静的岸或温暖的港湾,而是一个与他携手一生、可以风雨同舟的伴侣。

她是杨之华。

出身江浙士绅门第的杨之华,在1923年考入了上海大学,修习社会学。

年轻而文雅的瞿秋白,授课时总是深入浅出,思想独特,他的才华和个人魅力常吸引其他专业的学生跑来旁听,课堂总是座无虚席,甚至连窗外也挤满了学生和老师。杨之华也不例外地被先生的学识折服,瞿秋白也对这位刻苦的学生很有好感,共同的理想让他们走到了一起。

可杨之华却不能大胆地追求自己所爱。因为来上海求学之前,她已嫁了人。她的丈夫是萧山大户人家的子弟沈剑龙,他崇尚新潮,也乐意妻子去上学,可残存的封建意识让他和杨之华之间产生了裂隙,渐行渐远。

1924年7月,瞿秋白的夫人去世。那段最为悲伤憔悴的日子里,是杨之华一直陪在瞿秋白身边,安慰他,照顾他。可她的心里却是不安的,所以那之后不久,她便趁着暑假回到了乡下老家,想要回避这段不能被世人认同的感情。

那时,她没想到瞿秋白会来找她。

他实在是个至性至情的人,无论是那一腔爱国热血,还是对爱情的不辞冰雪。性格内向而腼腆的瞿秋白,终于向她表白了自己的心意,并请来她的丈夫沈剑龙。他的勇气和毫无顾忌的爱感染了她,两个人抛下世俗的冷眼,她心甘情愿随他而去。

不久,上海的《民国日报》同时刊登了三条启事:一是瞿秋白和杨之华确定恋爱关系的启事,二是沈剑龙和杨之华的离婚启事，三是瞿秋白和沈剑龙结为好友的启事。

瞿秋白和沈剑龙没有因此为敌，而是成了朋友。

他一直是这样温和的人，对学生如此，对爱人如此，对这个世界也如此。

婚后不久，瞿秋白亲自篆刻了一枚印章，上面是"秋之白华"四个字，印在杨之华的掌心。

秋之白华，秋白之华，你中有我，我中有你。

此外，他还送了她一枚金别针，写着："赠我生命的伴侣。"在那个动乱的时代，想给的实在太多，能给的却太少，连起码的平静安宁的生活都给不了。

十年的风雨同舟，十年的携手共度，有过欢乐和片刻的宁静，更多的，却是分别和牵挂。他曾说自己其实是一个很平凡的文人，可他的革命理想让他这一生注定不会平凡。

三 文人情怀

政治上的风云诡谲，从来没有文艺和治学的纯粹。

1927年，历史的洪流将瞿秋白推上了中共最高负责人的位子。风度翩翩、儒雅温和的瞿秋白，成为继陈独秀之后，中国共产党第二任最高领导人。可惜高处不胜寒，一次次分歧和争论，将他推到风口浪尖，无休止的功过是非的纠缠，让他渐渐厌倦。

随后他被撤销职务，被排挤离开党的领导岗位。他没有一蹶不振、心怀怨怼，而是趁着在上海养病之时，领导左翼文化运动，进行文艺创作和翻译。他读了很多书，也写了很多文章，并与茅盾、鲁迅等大家来往，结下深厚友谊。

听闻在他乔迁新居之时，鲁迅曾携堇花一盆来贺，并亲笔书写一清人联句相赠："人生得一知己足矣，斯世当以同怀视之。"二人相见恨晚，坦诚相对，共同探讨学术和文章。纸笔之间，心之所向，让瞿秋白暂且放下了政治上的沉重和疲惫。

那本是瞿秋白最艰难的时候，他却因这些志同道合之人的真诚和鼓励，度过了一生中"最惬意"的时光。

此外，因为政治身份，瞿秋白夫妇二人的收入微薄，生活很是拮据。鲁迅知道以瞿秋白的性格，他一定不愿意接受馈赠，便有意替他引荐，让他以卖文所得的稿酬，来贴补困窘的生活。也是在这期间，夫妇二人有了一段安定的生活，瞿秋白也有机会写了很多革命之外的精美绝伦的散文，还在俄文和英文的翻译上取得了颇高成就，短短几年的译著竟有上百万字。在瞿秋白逝世后，鲁迅翻译《死魂灵》时还在慨叹："瞿要不死，译这种书是极相宜的，即此一端，即足判杀人者为罪大恶极。"

安乐的时光总是稍纵即逝。

1933年底，组织命瞿秋白前往革命根据地瑞金，却不许杨之华同去，她便留在了上海。之后红军长征，瞿秋白因患肺病不能前往，只能留在即将沦陷的瑞金。

听到消息的杨之华，终日里忧心忡忡。过去无论是留在白色恐怖之下的上海,还是前往莫斯科学习,瞿秋白都将全部的精力投入紧张的革命中,因而拖垮了自己的身体。她担心他的病情,却不能像一个普通的妻子那样埋怨他不爱惜自己,她只能更为坚定地站在他的身旁,陪着他承担这一切风雨。

革命如火如荼,可共产党人受到的迫害也从未停止过。

1935年2月,瞿秋白在突围途中被捕,不幸暴露了身份,那是灾难的开始。

四 柔情傲骨

他来到长汀已是4月,莺飞草长,景色宜人。他说,突然很想再写点东西。彼时,杨之华正四处寻找能救他出来的法子,他们曾一起看过那么多风霜雨雪,曾一起携手面对过那么多苦难和忧愁,她相信这一次他们也一样可以化险为夷。可心急如焚之时,等来的却只有一本狱中书成的《多余的话》——"知我者,谓我心忧;不知我者,谓我何求"。

眼泪打湿了手中的信笺。

他的担忧,他的牵挂,他的理想,他的决绝,她全是懂的。

那是文人从政的最后独白,像是古人弃笔从戎的无奈和悲愤,支撑他的,是一腔爱国的豪情。正如他曾对劝其归降的敌人说过的那样:"人爱自己的历史,比鸟爱自己的翅膀更厉害,请勿撕破我的历史。"

书生之言,却掷地有声:

寂寞此人间,且喜身无主。眼底云烟过尽时,正我逍遥处。

花落知春残,一任风和雨。信是明年春再来,应有香如故。

绝笔《卜算子》的最后一阕,亦是他一生的写照。

待他就义后,鲁迅叹息良久,并带病编校了他的遗著《海上述林》,直到逝世前两天,他还忙着把《海上述林》寄给友人,并说:"我把他的作品出版是一个纪念,也是一个抗议、一个示威……人给杀掉了,作品是不能给杀掉的,也是杀不掉的!"

这样一个温和而年轻的生命所带来的悲伤,友人如此,更何况爱人?凭着衣上的五颗纽扣认出秋白遗骨的她,已是泣不成声。

他们相逢于乱世,为着共同的曙光走到了一起,如今只剩下她一人,她没有时间悲伤,只有带着他未尽的理想坚强地走下去。那之后,杨之华被派去苏联,后被隔离审查,经历了种种之后,仍只是编纂他的文章,写下《回忆秋白》。有人问过她再嫁一事,她也只是笑着回答,只身一人并不是由于自己封建,而是自己感到没有人能够比瞿秋白对自己更好。

他是她生命的伴侣,所有的过往和回忆都已深深刻入了她的骨血之中,如何割舍,又怎舍得割舍?曾携手风雨高楼,曾携手投身洪流,秋之白华,白华之秋,他们此生不能白首,能做的,便只有相守了。

如今,他的就义之处已是草木芊芊,翠柏成林。故乡那条觅渡河仍在缓缓流淌,觅渡,觅渡,渡何处?信是明年春再来,应有香如故。

李叔同：

我放下了繁华，悲欣交集一场

✽洛　冰

狂来轻世界，醉里得真知，他拥有一切却又放下一切，终归悲欣交集一场。

1880年，李叔同出生在天津。此时，列强觊觎，朝廷混乱，光绪帝勉强支撑着摇摇欲坠的大清国。

李叔同的父亲李世珍，曾经与晚清重臣李鸿章、吴汝纶并称为“清朝三大才子”，后弃官经商，家资巨富。浓厚的家学氛围，巨富的家资产业，使李叔同的童年、少年无忧无虑，加上天资过人，他十几岁就成了远近闻名的大才子。

清末的天津城，酒肆楼台林立，茶馆勾栏无数，宛如人间奢靡地。在这样的环境中，李叔同邀友作画，吟诗写字，听戏，逛茶楼，富贵公子，锦衣玉食。

1894年，十四岁的他遇到了人生中的初恋杨翠喜。彼时，杨翠喜在协盛园唱戏，她年轻美貌，唱腔婉转，是天津城的明星。李叔同喜欢杨翠喜，给她写戏曲，为她详细解说中国戏曲的渊源和历史，指导她唱、舞，向她倾注全部的爱。

杨翠喜得到大才子的点拨，技艺更上一层楼，红透半边天。当红给杨翠喜带来了巨大的流量，也给她带来了灾祸。她周旋于各阶层中，成为搅弄晚清官场风云的一枚棋子,后被迫离开了天津。

这场恋爱对李叔同来说,就像一场烟花,光华璀璨,瞬间落幕,其中落差,难以言喻。

少年李叔同无法接受这样的结果,每天黯然神伤不思茶饭,母亲心急如焚,带他去拜访已经皈依佛门的王孝廉,请求指点,希望名家大儒能带他走出执念。

李叔同就这样被母亲带着,每日静听王孝廉诵读经卷,心灵的伤口在悠远清静的梵音中渐渐痊愈。这次礼佛,距离李叔同真正出家还有一段遥远的时光,但,佛缘已种。

1897年,李叔同接受了母亲安排的婚事,娶了天津茶商之女俞氏。因时局动荡,以及家庭内部问题,他带着妻子和母亲离开天津,到上海居住。

离开了压抑的大家庭,身边有母亲和妻子,又有诸多文友谈诗论赋,李叔同神采飞扬。他加入城南文社,成为城南文社的领军人物,后又考入南洋公学特班,师从蔡元培。

李叔同在晚年曾经回忆说:"我从二十岁到二十六岁之间的五六年,是平生最幸福的时候。此后就是不断的悲哀与忧愁,一直到出家。"

直到二十六岁那年,母亲去世,他的幸福仿佛戛然而止。李叔同从小和母亲相依为命,如今骤然失母,无法释怀,在母亲的葬礼上,他自弹自唱一首歌作为对昔日幸福的告别:"松柏兮翠蕤,凉风生德闱。母胡弃儿辈,长逝竟不归?儿寒谁复恤,儿饥谁复思?哀哀复哀哀,魂兮归乎来。"

丧母之痛像一座大山,压得李叔同无法喘息。他安置好妻儿,于1905年年末东渡日本留学,这一走,就是五年。

在日本,李叔同一边学画,一边学音乐,还大量写诗,作品多发表在一个汉诗创作团体办的刊物《随鸥集》中。读书期间,他编排话剧《茶花女》,用来赈灾义演,轰动一时。

李叔同就像一颗明珠,走到哪里都光华灿烂。在日本留学期间,李叔同向西方艺术全面进攻,走遍了文艺的园地,每个门类都很出色。

学成归国后,李叔同在杭州任教。其间,他往返上海和杭州之间,教书并兼顾家庭。只是身处乱世,风雨飘摇,个人的美好与平静很容易被打破。

辛亥革命之后,袁世凯趁机兵变,各方势力登场,整个国家陷入混乱。钱庄纷纷趁机宣告破产,独吞储户钱财,李叔同天津的家因此败落。

李叔同虽然住在上海,却无法躲开乱世的风云。他一直居住在结拜大哥许幻园的城南草堂。他与许幻园关系亲厚,堪比亲兄弟。许幻园是上海富户,只是,在频繁转换政权和钱币的同时,他的百万家产化为乌有。许幻园不甘心,他一定要上京去找袁世凯讨说法。

临行,两个人都知道此行凶险,福祸难料,心里难过又别无他法,李叔同作了《送别》相送:

长亭外,古道边,芳草碧连天。晚风

拂柳笛声残，夕阳山外山。

天之涯，地之角，知交半零落。一觚浊酒尽余欢，今宵别梦寒。

长亭外，古道边，芳草碧连天，晚风拂柳笛声残，夕阳山外山。

许幻园失败了，他破落而归，晚年栖身寺庙，郁郁而终。但李叔同为他作的《送别》却成了经典，传唱至今。

从日本回来后，李叔同认真教书，想将美育在中国做下去，所以在杭州任教期间，他组织了宁社，不遗余力提倡普及艺术、普及美。

李叔同的前半生富贵到顶，青年时代光彩无限，如乱世明珠。他在文学上、书法上、话剧戏曲上、绘画上、雕刻上……都做到了极致。

1913年，浙江省立第一师范学校校友会创办杂志《白阳》，创刊号封面是李叔同设计的，文字由李叔同亲手书写石印；他还写了一部《西洋美术史》……可是大厦将倾，无一处是教学净土。

繁华背后是昏暗，个人的平静一次次被政权摧毁，富贵终会落幕。或许是厌倦了，或许是看透了人世，1918年，李叔同辞去一切职务，在杭州虎跑寺剃度出家，法号弘一。

出家前，他做好了准备，把笔墨纸砚篆刻作品赠送给西泠印社，历年所写的字送给夏丏尊，其余的衣物书画，有捐赠的，也有送给学生刘质平和丰子恺的。一衣一身上山去，从此不问世间事。

出家时，李叔同的书法已有很高的名气，求字的人络绎不绝，他不忍拒绝，便开始给求字的人写佛语，普及弘扬佛法。

鲁迅颇为喜欢他的一幅墨宝："一切有为法，如梦幻泡影；如露亦如电，应作如是观。"

从李叔同到弘一法师，他似乎放下了一切繁华，却拥有了一颗更博大、更广阔的心——坚定地爱万物、爱国。

1937年，抗日战争全面爆发。李叔同正住在青岛，大家劝他赶紧返回南方，他说："朽人已决定中秋节乃北往。今若因难离去，将受莫大之讥嫌。故虽青岛有大战争，亦不愿退避也。"

他甚至将厦门禅房改名"殉教堂"，并写了一偈："亭亭菊一枝，高标矗劲节。云何色殷红，殉教应流血。"

佛中有国，国中有佛。爱国亦爱佛，爱佛亦爱国。

1942年，长期为抗日奔波的李叔同肺病来袭，他自知不治，临终提笔书写四个大字："悲欣交集。"

这四个字，雅逸恬淡，枯寂孤清，似历尽繁华，没有波澜。

1942年10月，一代高僧弘一法师溘然长逝。

狂来轻世界，醉里得真知，他拥有一切却又放下一切，终归悲欣交集一场。

钱伟长与孔祥瑛：唯憾卿去早，沪上春来迟

* 卿风向晚

>>>>
她与生俱来的名门闺秀气质、腹中渊博的学识和待人接物的从容自信，都让他不禁想与她更加亲近。

上海的早春总是伴着连绵阴雨而来，纵然遇上艳阳高悬的晴天，空气中的寒意也未散。千禧年代一个稀松平常的午后，年过八旬的钱伟长坐在轮椅上，秘书推着他在校园里晒太阳。上海大学的景致并不亚于公园风光，泮池中白翼天鹅划着清波，嫩绿的柳叶将将垂到水面，学子们的欢声笑语萦绕耳畔，颇有春日生机。偶有成双恋人挽着彼此从他身前路过，礼貌而热情地道一句"校长好"，他笑着应答，思绪却有些恍惚。想到很久以前，同样是春天，同样在校园……

"那些相濡以沫的光景，竟已是上个世纪的事了。"他心中暗叹，"祥瑛，好想你啊。"

钱伟长初遇孔祥瑛时，也是一个天色晴好的下午，那时的他才刚成年。

20世纪30年代的清华校园里，金灿灿的日光照得人周身发暖，可钱伟长的心境却阴云密布。那日他因犯

了学术错误受到导师责备。1931年，他凭借中文和历史学科双满分的成绩考入清华大学历史系，而"九一八事变"的国难令他痛心疾首。沉思过后，他深觉唯有科技进步才能从根本上救国救民。于是他决定弃文从理，申请转入物理系。年轻人审时度势、心怀家国的精神本应得到赞赏，可当物理系教员看到他的入学成绩单时，却实在难以展颜——物理5分，化学和数学一共20分。

"我定付出百倍努力以勤补拙，请给我一次机会！"他语气坚定，目光诚恳。可即便争取来试读机会，学习压力也远远超出了预期。入学初期，他就由于基础薄弱而困难重重。就在他陷入救国心切而力不从心的焦虑时，一声清甜的呼唤打断他的思绪。

"请问是钱同学吗？"

钱伟长应声回头，撞上一双灵动的明眸。微风吹起她的衣角，那白衫蓝裙的少女行止温雅，梳理整齐的双马尾搭在肩头。他看着眼前陌生的面孔，有些疑惑地点点头。

少女抱着一叠封面印着"清华周刊"四字的薄书。"我是文学院的孔祥瑛。"她笑意嫣然，从怀里抽出一本，"刚印好的新校刊，赠你一本。我很欣赏你换专业的勇气和爱国担当，也欢迎你给我们投稿。"

钱伟长也没想到自己苦攻物理的"壮举"这么快就在文学院传开了，他匆匆接过道谢。望着孔祥瑛转身离去的背影，他的唇角不禁弯起。她并不知他方才正情绪低落，可简短的一句鼓励却让他重拾信心。当晚温习课业后，钱伟长翻看那本校刊，其中包括新闻、校闻、校评、小说、译丛等栏目，不少文章传递着欧美新思潮、新学说，他读得津津有味。这是他初次如此认真地赏阅校刊，而看到编辑栏中"孔祥瑛"的署名时，他脑海中又浮现出白天那张温婉甜美的面庞。

与孔祥瑛真正相识是在"一二·九"运动中。彼时北平已入冬，凛冽的风从数千大中学生组成的游行队伍中呼啸而过，可严寒的天气丝毫没能削弱爱国青年们的气势，一声声"反抗日本帝国主义""誓死捍卫中国领土完整"等口号声飘荡在城市上空，振奋人心。在浩荡队伍中，钱伟长看到了孔祥瑛的身影，他先是一惊，毕竟他对她的初印象是文艺女青年，可当发现她同样具有爱国热情和抗争胆魄时，他又不禁生出敬意与惺惺相惜之情。

军警前来压制时，钱伟长穿过人群护住孔祥瑛，所幸二人都未受伤。回到校园夜色已深，他们并肩而行，从当下时局聊到经史典籍。他本身是历史系出身，她又对历史文化颇有求知志趣，彼此若逢知音，只恨天色已晚，不能彻夜长谈。

钱伟长意犹未尽地回到宿舍，心中懵懂而纯真的情感萌芽就此冲破土壤，徐徐开花。他承认自己对孔祥瑛的感觉并非止于友情，而是一种强烈的吸引——她与生俱来的名门闺秀气质、腹中渊博的学识和待人接物的从容自信，都让他不禁想与她更加亲近。

而对孔祥瑛来说，也许早在未见面时，她便对钱伟长好奇已久。真正结识这位传闻中"一意孤行"的师兄时，又惊叹于他的文史功底和坚韧的数理学习品格——日复一日地奋起直追、辛勤耕耘使钱伟长终于摘得学业的硕果，他考入清华大学研究院，继续投身物理学，学术才能渐显。或许两情相悦的起源便是彼此欣赏。

只可惜，二人还来不及表明心意，"七七事变"的爆发使得清华大学被迫南迁，与其他院校组建成西南联大。孔祥瑛随众师生一同入滇，钱伟长则因加入中华民族解放先锋队辗转至武汉。他们来不及当面告别便在突如其来的动荡中失散了。

离别的时日里，他们继续专注于各自的学术研究，亦时刻牵挂着对方，在连书信都无法传递的时局下，思念、担心、盼望……种种情绪交杂于心。可他们都明白，家国使命远高于儿女私情。直到一年后，已在物理领域学有所成的钱伟长赴西南联大讲学，二人才得以再会。

到达昆明的当晚，钱伟长正与导师、同门谈论热力学，一阵轻快的脚步声从屋外传来，众师友纷纷望向窗口，而后将暧昧的目光落在钱伟长身上："难不成是孔师妹来了？"他们先前总听钱伟长提起名唤孔祥瑛的才女，笑说此番讲学一定要见见，此时看着那抹清丽的身影，便已然猜到八分。

钱伟长忙放下书本出门相迎，来者正是心中所念之人。四目相视的一刻，双双有泪盈眶。那一刻他们很想冲上前给对方一个拥抱，到底还是礼数抑制了本能。

那天他们畅谈良久。"听说你来讲学，我盼了好几天。"孔祥瑛稍显羞涩地垂下眼帘，幸好月色正浓，遮掩了她腮上的浅浅绯红，"等不及教室见你，还望没有扰你备课。"

"等上完课，我有事同你讲。"

"我也有话想同你说。"

许是经历过失散的折磨，钱伟长和孔祥瑛都无比珍视重逢，再不愿因一时迟疑而错过彼此。他们互表心意，决定在动乱不安的环境下携手前行。同年，他们在师友的见证下举行了简单的婚礼。不久二人喜得长子，一家人却未得几日团圆，婚后一年，钱伟长只身赴北美留学，这一别，又是六年。

钱伟长回国后，与妻儿一起度过了战火纷飞的内战时期，迎来新中国的成立。这对高才生夫妻一起复兴教育。钱伟长作为清华大学教授、副校长，将留学的深厚积累应用于实践，出版了一系列物理学论文专著，为祖国培养现代化人才；孔祥瑛任清华附中校长，投身初等教育。

又经多年风雨飘摇，钱伟长受中央组织部委派，南下入沪，任上海工业大学校长。后来上海工业大学、上海科技大学、上海大学和上海科技高等专科学校合并，成立上海大学，由钱伟长担任校长。为方便开展教学任务，钱伟长和孔祥瑛就住在校内，除了钱伟长参加重要公务活动外，两人几乎形影不离。他们聊学生、谈科研、忆往事，总有说不完的话。年轻时不在意聚少离多，如今倒是片刻也不愿分开。

时光不饶人，不觉间便是青丝换白发。即便钱伟长依旧精神矍铄，身体到底不堪奔波。某次赴京开会时，钱老中风入院，尚未痊愈时听闻孔祥瑛也病倒了的消息，他不顾医生反对，坚决要求赶回上海。

"祥瑛不能没有我，我只想回去照顾她。"他坚持道。

所幸钱伟长的身体并无大碍，可孔祥瑛却一病不起。钱伟长每日处理完公务便赶到医院照顾孔祥瑛，日复一日，风雨无阻。看着病床上妻子日渐消瘦的面庞，他心疼不已。纵然他们不惧命途中的任何风浪，却也无法抵抗生老病死的人生规律。上天先带走了孔祥瑛，那时正是隆冬腊月，钱伟长肝肠寸断，仿佛从未经历过如此凄长冷彻的冬天。

后来他常住在上海大学的乐乎楼招待所，因腿脚行动不便，秘书便推着他出来散心。老来多慈悲，钱伟长看着国家愈发繁盛，青年人朝气蓬勃，诚觉欣慰。这一生为国立功勋、育人才，又幸得与之从年少到垂老恩爱不疑的眷侣，他感恩天意许他长寿，让他见证了时代更迭与前进，如今已无他求。

孔祥瑛病故后的第九年，钱老先生也与世长辞。这九年对他而言，似乎比他们并肩走过的六十二载还要漫长。为了纪念钱伟长为近代科学做出的杰出贡献，国际小行星委员会把编号为 283279 号的小行星正式命名为"钱伟长星"，他的光辉将永远闪耀于苍穹，鼓舞后辈前行。若说行星受恒星牵引，围绕恒星运转，那孔祥瑛便是钱伟长丰满一生中长明的恒星。

"祖国未来就交给年轻一代了，他们定然会比我们更出色。"他临终前眉目舒展，"祥瑛啊，我来寻你啦，你可要认得出我，如你我初见时那般。"

诗酒年华

你会不会在下一首诗里,想起从前的月亮

芙蓉风雪苍山远

*梧语

天边的那轮红日如今只剩下一半，斜斜地挂在山头，平白染红了一方天空，添得几分肃杀，他站在山脚，眉头紧皱，嘴唇轻抿。

那年入冬很早，让人有些措手不及。还没准备好入冬的棉衣棉裤，便下起了鹅毛般的大雪。风雪所到之处，皆是白茫茫的，一片肃杀。他站在山脚，只看得远处群山环绕，暮霭沉沉。

若不是真到了非走不可的地步，他断不会在这样的天气里离家跋涉。前面山路漫漫，后面除了一名老奴，空无一人，想当初，身边还有三五好友相伴，如今却不知他们散落何处，也罢，算是乐得清静吧。

天边的那轮红日如今只剩下一半，斜斜地挂在山头，平白染红了一方天空，添得几分肃杀，他站在山脚，眉头紧皱，嘴唇轻抿。眼前的场景不正像不久前他在官场经历的风雪吗？

在朝数载，他却还只是个官低言轻的小吏，说到底，风云诡谲的宦海不是他该待的地方，他该写写诗，作作画，流觞曲水，隐居山野。可他心里想着，寒窗数载苦读诗书，若是有机会，该为天下的百姓做些什么。

食君之俸，担君之忧。他原只是尽本分，却不知哪句话哪件事得罪了权贵，平静的外表下波涛暗涌，只等一个契机，便风云变幻。明亮高大的朝堂上，面对奸人的诬陷，他不是没想过据理力争，可当他的眼角扫到金殿上的帝王时，他就了然了，一切已经尘埃落定，再无半点回旋。

罢了，罢了，眼下方圆十里白雪皑皑，不知何时才能寻得人家借宿，向前赶路才是要务。哪知越往山上走，便越是崎岖难行，道路又滑，到了后来，竟有寸步难行的绝望之感。他坐在半山腰的一块岩石上歇息，脸被山中烈风吹得生疼，身旁仆人劝他先在山脚下找户人家借宿，他却固执地摆摆手，眼睛盯着远处白茫茫的一片。

那是怎样的美景？人常道淡墨山水中的白描，大抵便应是如此。大张的洁净宣纸，恰是被雪花覆盖的山峰，只依稀有一两块青石墨角露出，便像被墨点晕出的痕迹。天边的太阳已然走远，只余一抹如火的余晖。而人走在山中，又将山中的景致无限延伸。

若不是今日此般的境况，与友人相约在山中煮酒论诗，该是何等幸事？而眼下，他却自顾不暇，忧心忡忡。奸人的爪牙遍布各处，逼得他退无可退，像行走在悬崖边上，稍有不慎，便会坠入万丈深渊。

今日，他便走投无路，冒雪行走在深山老林中，以寻找转机。说来惭愧，昔日京城锦帽貂裘、高头大马何等荣耀，今日竟沦落至此！

良久，他起身，再次走在风雪交加的山林中，积雪深厚，稍有不慎，腿便会深陷雪中。登上眼前的一座山，远处一间小屋赫然映入眼帘。院落中无一摆设，却在风雪中显得干脆利落。他心中欣喜，此情此景，恰似诗中所说的山穷水尽，忽而又逢柳暗花明。

顾不得风雪迎身，他迈步上前，连日的奔波已让他疲惫不堪，若能得主人收留，也算一件幸事。只是转念却又有些许担忧，自己是朝堂之人，此时又是多事之秋，若是平白连累了山林隐者，岂不是罪过？

在短短的时光里，他犹豫再三，心中反复思量，天色已晚，山风更甚，不寻求避所，他如何能受过夜里凛冽的山风？终于，他定了定神，缓缓伸出有些冻僵的手轻叩柴门，沉重的撞击声，在风雪交加的山里久久回荡。

等了许久，依然无人应答。他轻叹一口气，边推门边向屋中出声询问。打开房门，只看一眼便将简单干净的屋子收入眼中，陈设简单，却一应俱全。拿起桌上的粗茶碗，他猜测，主人或许临时有事外出了。

虽是贫寒，但屋中主人该是个雅致之人，且不说琴棋书画、笔墨纸砚细细罗列，单看墙上那幅山水，虽用笔不多，却极有意境，角落里的几笔怪石看似随意，却又极为传神，实乃画中的点睛之处。

书桌上墨迹已干的文字也是书法中的上乘之作，有铁画银钩、颜筋柳骨的大家之风。他心中起了小小的涟漪，若是在这样的风雪夜里，得遇人生一知己，何尝不是一大乐事？他拿起桌上的小楷本想慢慢欣赏，看到最后却将文字轻轻放了下去，脸上的笑容也慢慢凝结。

他款款踱步到房门前，外面的雪似乎停了，风却依然很大，残缺的月亮挂在枝头，照在厚厚的积雪上，反射出惨淡的光芒。这屋中住着的原是自己深交多年的挚友啊！他心中欣喜，眉间却又有一丝愁绪。

老友原淡泊名利，在山林中隐居多年不出，而如今，书画中隐约可见为国效力的雄心壮志，烈士暮年，壮心不已。而自己刚刚被朝堂排挤出来，连夜离开，慌乱之中竟连个落脚的地方也无，心中除了对官场的愤懑，更有对老友的担心，若真入世，切莫落得同自己一般的下场。

夜已深，桌上的油灯也渐要燃尽，他却半点困意也无。年少时，多少个夜晚，他坐在屋中角落，借着微弱的烛光读诗明理。再后来，考取功名谋得一官半职，常常彻夜看堆积的公文，为国事烦忧。

很多事等着他去做，他没有时间想象未来种种，没有时间回忆前尘往事，而如今，在这样寂静的夜晚里，他独处一室，终于偷得浮生半日闲，回味自己半生峥嵘，却越想越觉烦乱不堪，理不出半点的头绪。

该是值得吧？虽没有多少权力，但至少能为一方百姓排忧解难，略尽绵薄之力。虽然仕途上有看不见的腥风血雨，但自己无愧于心。就像那画在角落中的几块怪石，虽于整体不甚重要，可若是没有，也不能称其完整。

自己一生的追求，便要因眼前小小的委屈而动摇？便要因奸佞之人的陷害而退缩？绝对不会的，他在心中做出回答，突然觉得心安不少。老友迟迟未回，他望着桌上的话本略微出神。

门外似有动静，不远处猎狗的吠声响起，像在寂静的暗夜中划开一道口子。他心中一惊，随即缓缓推开房门，屋中烛光倾泻而下，照得他的影子好长。犬吠声渐渐变小，脚步声却越加清晰。

片刻间，门前的黄狗朝着来人迎去，亲昵地在来人身边蹦跳。只见来人踏月而来，身披蓑笠，还未到门前，先将落雪抖落，眼前场景似乎有些熟悉，他抖抖嘴唇，不敢相信地唤了声。

来人缓缓抬头，看到他后，身形一愣，随即脸上露出欣喜表情，将他拥入屋内。屋中的烛光在脸上跳跃，他心中恰有一股暖流流过，连日来的困顿，内心的苦楚，全都在老友的热情中，随山风而散。

久别重逢的两人，分外高兴，长夜漫漫，促膝而谈。从过去的理想到近况，直到烛泪干枯、天光破晓，两人意兴方尽。而更令他没想到的是，老友久居山林，却明慧通彻，三言两语便助他化解了眼前迷局，使他顿悟。

太阳从山中升起时，他正和老友告别。临行前，偶然扫到昨夜被风雪吹折的树枝，他突然便来了兴致，随即一首工整的诗出现在纸上："日暮苍山远，天寒白屋贫。柴门闻犬吠，风雪夜归人。"两人随即相视而笑。刘长卿的《逢雪宿芙蓉山主人》便由此而来。

陶渊明的孩子们

�֍ 杨 焄

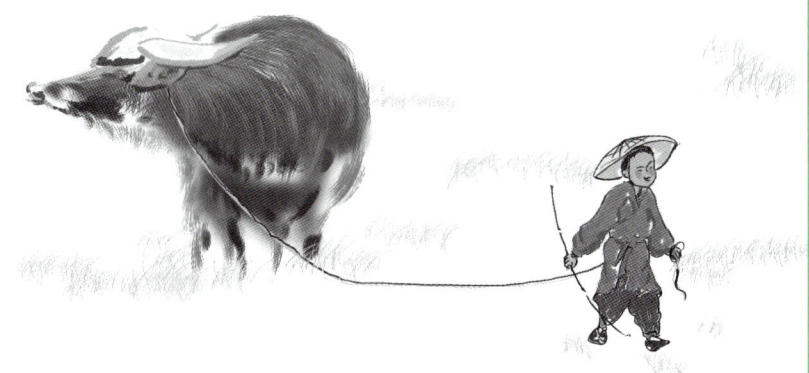

陶渊明写过一首饶有趣味的《责子》诗，历数膝下几个孩子的种种不肖："虽有五男儿，总不好纸笔。阿舒已二八，懒惰故无匹。阿宣行志学，而不爱文术。雍端年十三，不识六与七。通子垂九龄，但觅梨与栗。"看来平日里个个都好吃懒做而无心向学。对于他们的游手好闲，日渐衰颓的陶渊明也有些束手无策，只能徒呼奈何，"天运苟如此，且进杯中物"，失落懊恼之余只能借酒浇愁，聊以自宽。

诗中所述究竟是切身体验的如实写照，还是故甚其词的戏谑调侃，让后人颇费猜疑。杜甫就觉得确有其事，在他看来，貌似超然通达、毫无挂碍的诗人终究未能免俗，因为孩子们的顽劣愚笨而辗转难安，以至忧形于色。黄庭坚对此却不以为然，认为这并非板起脸来训诫斥责，只是虚张声势的玩笑而已，由此反倒透露出诗人的慈爱可亲。后人经过比勘斟酌，大抵多以黄说为是。

陶渊明的笔下经常会闪现孩子们的身影，足见其爱子心切，溢于言表。长子呱呱落地时，他就按捺不住兴奋提笔赋诗，一方面追溯悠久辉煌的家族历史，另一方面则对这新生儿的未来满怀

> 这五个成天嬉闹而胸无大志的孩子最终只在父亲的诗文里留下了天真活泼的生动剪影。

希冀，"既见其生，实欲其可。人亦有言，斯情无假"，毫不掩饰急切渴盼的心情，到最后还不忘自嘲几句，"夙兴夜寐，愿尔斯才。尔之不才，亦已焉哉"。虽然朝思暮想都盼着孩子将来能够出人头地，但日后若不幸事与愿违，也只能听天由命了。几个孩子陆续降生，在带来诸多欢乐的同时，也给日常生计造成极大负担，陶渊明不得不奔赴百里之外的彭泽去任职谋生；而在忍受了一番屈辱折磨之后，又毅然决定"自免去职"，令他念兹在兹的依然是"稚子候门""携幼入室"的温馨场景。

他时常迫不及待地向友人们炫耀田园生活的安逸快乐："弱子戏我侧，学语未成音。此事真复乐，聊用忘华簪。""好味止园葵，大欢止稚子。"看着牙牙学语的孩子围在身边嬉戏玩闹，顿时让人万虑尽消，这种发自内心的闲适欢畅又岂是案牍劳形的仕宦生涯所能提供的？他苦口婆心地规劝朋友，人生苦短，稍纵即逝，不惜现身说法，展示携子出游的逸乐足以遣闷消愁。对陶渊明而言，孩子们确实是他时刻牵挂心头，决难以割舍忘怀的。

在历经数度进退仕隐的摇摆以后，陶渊明最终做出了辞官归隐的决定。后人往往据此着力表彰他的特立独行和高蹈出世，却每每忽略由此导致的一系列严重后果，不仅需要他本人去承担和化解，更需要整个家庭的认同和付出。尤其是那五个孩子，此时都尚未成年，就要共同承担起原本完全可以蠲除的重负。

为了谋取食物以供家人果腹，陶渊明有时甚至还觍颜向邻人乞讨，"饥来驱我去，不知竟何之。行行至斯里，叩门拙言辞"，总算鼓起勇气敲开了门，却又一时语塞，不知该如何开口，真是潦倒窘迫至极。王维对此有过极为严厉的批评，认为陶渊明在彭泽令任上如果能与世浮沉，稍稍委屈一下自己，就足以"安食公田数顷"，何至沦落于斯，"一惭之不忍，而终身惭乎"，所言自属人之常情，并非求全责备。

陶渊明还有一组《咏贫士七首》，细致描摹前代贫士食不果腹、衣不蔽体的日常生活，其中如"量力守故辙，岂不寒与饥""倾壶绝余沥，窥灶不见烟""弊襟不掩肘，藜羹常乏斟""刍藁有常温，采莒足朝餐"云云，想必都融入了个人不堪回首的惨痛体验；最后一首又进而感喟，"一朝辞吏归，清贫略难俦。年饥感仁妻，泣涕向我流。丈夫虽有志，固为儿女忧"。看着绝望无助的妻子，心意已决的丈夫或许还可以勉强隐忍自持，可是一旦面对饥寒交迫的孩子，无能为力的父亲就不能不为此深感茫然焦虑。这种不足为外人言说的隐痛，毋庸赘言，更有夫子自道的深长意味。

在晚年写给孩子们的《与子俨等疏》中，陶渊明的歉疚愧悔表达得更为直接明了。他坦言自己"少而穷苦，每以家弊，东西游走。性刚才拙，与物多忤。自量为己，必贻俗患。俛俛辞世，使汝等幼而饥寒"，狷介执拗的性格既让自己无法因应世俗而委曲求全，也让懵懂无辜的孩子平白遭受牵累。

为人父母者总想竭尽所能为下一代提

供最好的生活，一直深爱着孩子的陶渊明毫无疑问更不会例外。所以当他回想起孩子们在童年时所经历的诸多艰辛时，就不由自主地深切自责，"汝辈稚小家贫，每役柴水之劳，何时可免？念之在心，若何可言"。这种锥心刺骨的酸楚显然已经郁积许久，直到此刻方能一吐为快，尽管孩子们对此或许早已记忆淡漠，并无任何怨言。

他在信里还特意提到东汉隐士王霸夫妇的逸事，"余尝感孺仲贤妻之言。败絮自拥，何惭儿子"，小心翼翼地为自己当年所做的抉择辩白申说。据《后汉书·列女传》记载，王霸早年与令狐子伯相交为友，后子伯出任楚相，命其子奉书于霸，"车马服从，雍容如也"，正在田间耕作的王霸闻讯后赶回家中拜见客人，居然自惭形秽而不敢仰视对方。王霸为此深觉愧疚，卧床不起，慨叹故人之子"容服甚光，举措有适，而我儿曹蓬发历齿，未知礼则，见客而有惭色。父子恩深，不觉自失耳"。自家孩子非但形貌丑恶，而且不通礼数，作为父亲显然难辞其咎。幸亏王霸之妻在旁劝解宽慰，勉励丈夫"奈何忘宿志而惭儿女子乎"，才令他转忧为乐。想来"抱兹苦心，良独内愧"的陶渊明正欲借此稍稍纾解难以直言的隐衷，以便获取孩子们的体谅理解，顺势也可以求得一己之心安。

从他时隔多年依旧耿耿于怀并备受煎熬来看，陶渊明当初做出退隐闲居的决定，虽然并不是不计后果的一时冲动，恐怕也不能算是义无反顾的彻底决绝。他本人回归田园确实心甘情愿，与其说是迫于政治环境的被动选择，毋宁说是依循自由天性的本真展现。

然而身逢晋宋异代递嬗，正是世相波谲云诡、人事浮沉升降的敏感时期，孩子们的生计和前途必定让他举棋不定，久久处于犹豫彷徨之中。究竟是希望他们可以衣食无忧，甚或位至公卿，却难免因此变得唯唯诺诺，乃至蝇营狗苟而降志辱身，还是祈盼他们能够安贫乐道，即使庸常平凡，也能够心怀坦荡而毫无愧怍，保持纯然朴厚的天性不受沾染？在反复权衡利弊得失之后，他终于艰难而郑重地替孩子们选择了后者。尽管他们从此就必须付出自食其力的沉重代价，而他自己也将终生笼罩在挥之不去的负疚阴影里，可是一想起那个让自己始则踌躇满志终至视若畏途的混浊官场，他还是不愿意他们深陷其中而重蹈覆辙。可见在陶渊明的心目中，不受扭曲摧折而得以尽情舒张的人性才是最宝贵、最值得珍视的。

这五个成天嬉闹而胸无大志的孩子最终只在父亲的诗文里留下了天真活泼的生动剪影，后世史籍对他们长大成人后的经历没有任何记载可供追寻。就此而言，《责子》诗虽然确有幽默调笑的意味，但其中娓娓讲述的那些片段，大概也反映了部分真实情况。当然，有时候能够平安宁静地度过一生，未必不是世间最大的幸事。而一位时或开怀大笑、时或忧愁低回的父亲，也远比一位忘却情累、仿佛不食人间烟火的隐士，更能深深地触动读者。

烟波钓徒，逍遥渔隐

✻ 花底淤青

古代文人的心中，都有一种渔父情怀。

渔、樵、耕、读四种职业是避世遁隐的象征，尤以"渔隐"为首。"一棹春风一叶舟，一纶茧缕一轻钩。"选择当渔父，是文人的另一种活法。

孤舟寒水，肩盛江湖三分清白；醉眼看山，且为活成逍遥神仙。在凡俗的日常中无视毁誉成败，看淡苦难悲欢，披霜雪，存悲悯，渔父们甘愿如水墨画中的留白，清澄而寒冷，薄凉而温情，将心中的柔软馈赠给世间万物。

渔父的形象，源起于《庄子·杂篇·渔父》和《楚辞·渔父》。

《庄子》里讲述了一个渔父批评孔子的故事。

一日，孔子在授业讲学的杏坛上休息，碰巧路过一个渔父。渔父好奇孔子的身份，两位弟子便告诉他："孔子实践仁义、修治礼乐、序定人伦，向上忠于君主，向下教化平民，是以仁义来造福天下的人。"

渔父追问："孔子是君主吗？是王侯的辅臣吗？"弟子摇摇头。渔父笑道："他确实是仁义，但苦心劳形，离大道远着哩！"说完就回到岸边，准备撑船离开。

孔子听说这件事后，赶忙跑到岸边挽留渔父，向他请教"何谓真"。

渔父对答："精诚之至就是真。不精不诚，便不能感动人。勉强哭泣的人虽悲不哀，勉强愤怒的人虽严不威，勉强亲密的人虽笑不和。本真源于内心，神情才能表露在外，这才是'真'的可贵之处啊。"

接着，渔父开始批评孔子："忠贞以建功为主调，宴饮以快乐为主调，丧事以伤悲为主调……不必计较多余的繁文缛节。'礼'是世俗的，'真'才是天然的，圣人重视自然本真，不会拘泥于世俗，而愚蠢的人恰好相反。人们不明白'真'的可贵，平平凡凡而被世俗改变，所以不知满足。可惜呀，你如今只知道人间的伪诈，听闻大道已经太迟了。"

渔隐之间,他将长情裁剪成词,连同心事一并送出,以一片逍遥的山水掩映思想。

《楚辞》中的渔父,也是一种与之相似的智者气态。

战国时期,屈原神色憔悴,拖着枯瘦的身体在河边徘徊。一个渔父认出他,便问他为何沦落到这番田地。屈原非常忧心:"举世皆浊我独清,众人皆醉我独醒。我宁可葬身于鱼腹,也不愿意染上一身俗世尘埃!"

渔父莞尔一笑,唱起渔歌:"沧浪之水清兮,可以濯吾缨;沧浪之水浊兮,可以濯吾足。"

渔歌里,他隐晦地表达出和光同尘的人生态度,这是一种处世哲学。此后,渔父作为明哲通透、有大学问的隐士形象在中国古代文学作品中屡见不鲜。

历史上,拥有"渔父"身份的名人也不少。

姜子牙算是最早期的渔父。别人用弯钩钓鱼,他用直钩,只为等一个"愿者上钩"。

到了春秋时期,协助越王勾践复国的范蠡也当起了渔父。越王狡诈多疑,可以共患难,不可共富贵,正所谓"鸟尽弓藏,兔死狗烹"。范蠡看透越王的本质,主动散尽家财,更名改姓,在湖打鱼,过起了隐居的日子。

东汉还有一位著名隐士严子陵,汉光武帝刘秀请他做官,他不愿做人臣,婉拒之后,归隐富春山,耕读垂钓,逸情云上,范仲淹说他"云山苍苍,江水泱泱,先生之风,山高水长",自始至终都是一身月白露清的端态。

而"渔隐生活"的典型代表,却是一个"不起眼"的唐朝诗人。

张志和出生于长安,那天是正月初一,一个吉祥的日子,惠风和畅的天气仿佛预示这个男婴将有风调雨顺的一生。

张志和从小聪慧过人,有过目不忘的本领,常随父亲去翰林院玩耍。唐玄宗听闻这个孩子的天赋,诏他面圣,就出题考他。没想到,小小年纪的张志和对答如流,让玄宗大为惊叹,赐他优养翰林院。

当其他学子固守乡野读书时,他早

已融入"高等学府",在一众大学士的熏陶之下,张志和十六岁就通过了明经考试。

在安史之乱的环境下,仅有一小部分人乘风直上,张志和就是其中之一。

兵戈不息,为了逆转战局,张志和与舅舅李泌积极向皇帝献策。

这场博弈,让朝廷赢得了战略胜利,也让张志和顺利加封左金吾卫录事参军。

山河远阔,青云直上,正是风华正茂的年纪,不料他突然弃官归隐。这一年,张志和因为谏言犯上,被不痛不痒地贬了一下,他一帆风顺的人生直到这里才掀起一段波澜。随后,适逢亲人去世,他以守丧的理由辞官归隐,义无反顾,自荣自落,放浪形骸于江湖,再无拘束。

一壶酒,一竿身,生活归于简约。檐角梅开,雪花沾指,张志和怀着疏朗的心态,沉溺于飘逸的渔隐生涯,为自己取了一个雅号:烟波钓徒。

山寺晚钟,渔村夕照,年华从此停顿。他住在越州东郭一处依山傍水的茅屋里,屋旁暗香疏影,竹松叠映。他或睡在兽皮毯子上,或卧在溪畔垂钓,但是每次钓鱼的时候,张志和从来不投喂鱼饵,可谓"志不在鱼"。

渺渺烟波一叶舟,清雅之外,他偷闲撰写《玄真子》两卷,又留下了很多篇以渔隐为主题的诗词,比如《渔父》:

八月九月芦花飞,南溪老人重钓归。

秋山入帘翠滴滴,野艇倚槛云依依。

却把渔竿寻小径,闲梳鹤发对斜晖。

翻嫌四皓曾多事,出为储皇定是非。

在枫叶芦花的深处,篱边溪畔白鸟双飞。他无心于庙堂,不介怀是非,一颗湿漉漉的心,只需关心天气的阴晴,鱼鸟的脾气,以及山路的旱湿。他就像《庄子》里的渔父,只想做一个彻头彻尾、闲适真实的人。

用前半生平步青云,用后半生路过人间。

活成渔父的人,多半像瘦梅一株。他们有千万种姿态,凌寒独开,浓艳又寂寞地将风情尽数泼洒。待人间雪白,云卷香散,又归于一地风清自欢。

皇帝曾赐下奴、婢各一人,张志和为他们取了名字,一作"渔童",一作"樵青",随后又将他们配结为夫妻。为了逃避皇帝的诏遣,他带着奴、婢出游山水、登黄山、游吴楚,浪迹不知归处。

美丽的西塞山留住了张志和的脚步。在这里,他写下了著名的《渔歌子》:

西塞山前白鹭飞,桃花流水鳜鱼肥。青箬笠,绿蓑衣,斜风细雨不须归。

渔父入词,成就了《渔歌子》。这首词好似一挥而就,简约而不简单。你看,西塞山、桃花水、白鹭、鳜鱼,山水花鸟都齐了,明明是淡墨点染,却蘸满色彩,实在是令人称奇。

词没有一个字提到渔父,却能将渔父的身影刻画得跃然鲜活,这种不加雕饰、不着痕迹，又流丽寄意的笔法，正如《蓼园词评》所言："隐跃言外，蕴含不露，笔墨入化，超然尘埃之外。"

轻飘飘的一首词，仿佛是出现在词界的一束光。后代词人爱极了它。爱到什么地步呢？一众诗词大家纷纷效法，写起"隐括词"——这是宋词中较为奇特的一种文体，作者靠改编前人作品来表达情感，也由此引发了"西塞山前白鹭飞"的跟风现象，诞生出"一花开后百花开"的奇观。

苏轼效法，写《浣溪沙·渔父》：

西塞山边白鹭飞，散花洲外片帆微。桃花流水鳜鱼肥。

自庇一身青箬笠，相随到处绿蓑衣。斜风细雨不须归。

黄庭坚也依词而作：

西塞山前白鹭飞，桃花流水鳜鱼肥。朝廷尚觅玄真子，何处如今更有诗？

青箬笠，绿蓑衣，斜风细雨不须归。人间欲避风波险，一日风波十二时。

除了词人追捧之外，张志和的这首词扬名海外，远播东瀛，一度开启了日本早期的填词之门。如今，在与日本的文化交流中，仍能寻到"西塞山前白鹭飞"的踪影。

张志和一生逐三江，泛五湖，隐居终老。他朋友稀少，但都是一些有大学问、高修养的大家，如书法家颜真卿、茶圣陆羽、诗僧皎然等。

有一回，颜真卿看张志和的小船太破，想让他舍弃这条旧船，张志和却把船当作家，说："愿为浮家泛宅，往来苕、霅间。"

情致到了极点，可以将草木视为知己，将日月当作床灯，一切尽在俯仰之间，便是自由。

大约是大历八年的十二月，冬雪初歇。

这天景致极好，山光掩映，云霞飘拂。张志和与朋友泛舟湖上，抖擞一身慵懒，酒酣兴起，却不幸落水而亡。

后来，良相李德裕评说张志和："渔父贤而名隐，鸱夷智而功高，未若玄真隐而名彰，方而无事，不穷而达。其严光之比欤？"意思是《庄子》中的渔父虽然贤能，但没能留下姓名，范蠡劳苦功高，但没有张志和的名声高彰。张志和呢？正直又不圆滑，却平安无事地活着，不经历穷困就懂得通达，可以与严子陵相媲美了。

少年清润，瑜瑕不掩，敢挺起脊梁去学夸父追日，与千万敌手交锋，成败皆是好事。

壮年浓稠，不做英雄，尝懂了苦与香的交叠滋味，甘心做绿蓑渔父，一笔勾销时光。

江上雪，浦边风，笑着荷衣不叹穷。渔隐之间，他将长情裁剪成词，连同心事一并送出，以一片逍遥的山水掩映思想。自远古来，在未来荡出心声。那么，你收到他的寄语了吗？

还乡时,意难明

※ 王抒意

> 这里明明就是他的来处,可是除了他自己,旁人多已不知道了。

晨起动征铎,客行悲故乡。多少次,多少人,在晓月未落的清晨迈动脚步,从此为客子,家乡成故乡。

或许,每一个辗转反侧的夜,每一趟颠沛流离的旅程,都会让他们想起那个可望而难归的故乡,走得越远,足印越多,思念便越加深浓。

还乡!还乡!他们心心念念,思之梦之的,不过还乡一事。可若真到了回乡之时,见到暌违已久的故景故人,心头涌起的,是欢愉,是哀伤,还是一点不敢说出口的情怯?

陶渊明此次离乡并不算久,林林总总加起来,似乎还不到一百天。自仲秋至冬,离乡的每一日,他都在想着归去。

做下归家的决定只需要一刻,但归家的征途是那么漫长,他一次次加

快脚步，却仍未触摸到那扇熟悉的家门。好在卸下了烦琐公务，他的心是轻盈而自由的，离家越近，心头涌起的喜悦就越多。

终于，他远远望见了自家简陋的家门，蓬门虽陋，可以避风雨，可以安己身，何况，这里面还住着他牵念的亲人。想到此处，他再也按捺不住，朝家的方向飞奔而去。

刚一进家门，童仆稚子都迎了上来。他在热烈的簇拥中往屋内走，想是大家都知道了他要归来，早已备下美酒。他倚在窗边，端起酒杯自饮自酌，望着庭中的松树，觉得神思清明、心中安稳。

归家之后，他每日在小园中散步，弄弄松枝、戏戏残菊，关上门来，隔绝外界的扰攘，自留一方清净的天地。

就这样，一个冬天过去了，他丝毫没有离家在外时的疲乏与苦闷，只觉得日子恬淡、滋味绵长。

陶渊明自幼家贫，耕植不足以自给。及冠后，他的亲朋常劝他离乡谋取一官半职，以解生计之累，他自己也有此念头。可他生来就不是一个善权谋、好钻营的人，那些官场上的尔虞我诈使他心力交瘁，那时，故乡的青绿山水、故园的庭花院树，成了他频思频梦的痴念。

是以此后多年，他时宦时隐，在仕与耕之间摇摆数次，直至义熙元年，他入仕任彭泽令，未久，其妹香消于武昌。他深感命运无常，不愿再违心奔波，遂辞官而去，吊唁其妹后，永别仕途，踏上还乡之路，并作下《归去来兮辞》以明其志。归去之后，天高地广，他要随心而行、自由来去，不再受行役之苦。

以往不谏，来者可追。过往种种，譬如昨日死，他决心要抓住生命里的每一个春天。

他要寻壑经丘、植杖耘耔，要登皋舒啸、临溪赋诗，他要把自己揉进故乡的山山水水里，直到使命终了，如一片再寻常不过的秋叶，自然而然地，坠入故乡的尘泥里。

小别归乡，总是欢畅的，陶渊明便是如此。可久别故乡之人，还乡之时的情绪，就有那么些难以言表了。

再回故乡时，贺知章八十六岁，此时，他已阔别这方土地五十多年。这两个数字，无论哪一个，都如此令人心惊。他犹记得离乡时，他还是个不太明了流光如何易逝的少年郎，想必离乡那日，那如剪刀一般的二月春风，也轻将柳叶裁出，无言地为他送别。

这些年来，他中状元、入庙堂、从

最初的国子四门博士做到了银青光禄大夫兼正授秘书监。能坐上如此高位，又岂能不艰辛？且官位越显，责任越大，要忧烦的事也越多，哪怕他是一个旷达不羁的人，随着光阴催人，也难免感觉力不从心。

天宝三年，他生了一场病，以至精神恍惚，病里他最惦念的并非其他，而是还乡。离家太久，再不回去，可能恍惚之中，就再也踏不上归途，于是，他上疏皇帝，自请为道士，回归乡里，并改本乡家宅为道观，让他在人生最后的年月里，将来路化为归途，以慰他多年来的客子光阴。

皇帝念及他思乡情切，准许了他的请求，并以御制诗赠之，皇太子率百官为他饯行。但这些对一个迟暮老者来说，已经不那么重要了。

还乡路迢迢，一路颠簸，幸而他终是平安抵达了。故乡还是那个故乡，就连门前的镜湖水，年年皆因春风绿，年年不改旧时波，变了的是他。

哪怕他还能清楚地说出家乡话，鬓边的霜白也成了他这些年奔波留下的证据。

漫步在故乡的街巷，他觉着一切都很熟悉，可这熟悉之中，又透着几分陌生。他如今已是耄耋之年，儿时的玩伴早已难寻，旧日的亲人也多已不在，他看着那些在街头巷尾嬉笑玩耍的孩童，仿佛也看见了童稚时的自己，他突然很怀念那些懵懂不知世事的年岁。

有胆大的孩童不知他是何许人物，见他满身风尘，笑着问他从何处而来。这里明明就是他的来处，可是除了他自己，旁人多已不知道了。

还乡的欣喜被时移世易带来的淡淡怅惘所替代，他满心感慨，唯有以诗抒情，两首《回乡偶书》，简单直白地道出还乡心绪。

此时，他已再无别的奢望，只愿他与故乡相处的时间能再多些，好让故乡山水与故乡人，消去他多年来积攒的乡愁。

流放岭南数月，他与故乡亲友音书断绝。从去岁寒冬到今年春生，他甚至不知道自己是怎么熬过这凄苦的贬谪岁月的。

还好如今他终于踏上了还乡之路，只是不知为何，离故乡越近，他心中越是升起一股怯意。原来，他怕的是故乡的亲人受他牵连，是以他甚至都不敢向故乡来的人打听打听消息。

"岭外音书断，经冬复历春。近乡情更怯，不敢问来人。"寥寥二十字，一个即将还乡的游子形象从诗里跃然而出。此诗名为《渡汉江》，作者说法不一，一说为唐代诗人宋之问，一说为李频，但赞同宋之问的人更多。

宋之问其人不仅有诗才，也颇有官运。进士及第后，一路青云直上。只是，于政治上，他并不算个清白之人，武周时期，他依附于武则天媚臣张易之、张昌宗兄弟，也得到武皇爱重，风光更甚，形骸两忘。

可没过几年，武则天被逼退位，张氏兄弟被诛杀，新登大宝的唐中宗自然要清算他们这些张氏谄臣，宋之问被贬岭南，任泷州参军。

从繁华富饶的神都洛阳，左迁至偏远蛮荒的岭南泷州，宋之问深觉自己一瞬之间从青云之巅堕入泥淖之中，往昔与今昔天差地别，他悔不当初。他想，如果一味偏居岭南，此生怕是无望，何况他思念故乡和故乡的亲人尤甚，思量再三之后，他做了个大胆的决定——他要逃回故乡。

逃归之路还算顺遂，不日他就抵达汉江，渡过汉江之后，家乡就近了，他一面希望自己能快快回乡，早日见到久违的亲人，一面又惧怕亲人早因他之故遭受不幸，在这种思念与惧怕交织的情绪下，他继续踏上了归途。

此次逃归的结果并不算差，宋之问不仅未被问责，还因探知有人要谋诛宰相武三思，告密有功而得到擢升。

只是后来，他又一次站错了队，重回朝堂后，他依附于安乐公主，遭到太平公主忌恨，太平公主进言中宗，又将他贬至越州。

此番际遇让他明白了是非成败不过一瞬，他不再汲汲营营，而是选择了着眼当下、访察民生，希望能真正为百姓谋些福祉。

只是命运无常，他虽有心远离党争，过往的一切却并不能翻篇。景云元年，李隆基与太平公主诛杀了韦后和安乐公主，因为宋之问曾经依附于张氏兄弟、武三思和安乐公主，他又被流放。这一次，他再也没有回乡的机会，唐玄宗李隆基登基后，将他赐死于桂林。

他所得之果，皆出自他种下之因，是是非非，无法评说。只是，不知客死异乡的他，魂魄是否能翻越山河湖海，回到他梦寐不忘的故乡。

四

还乡，还乡，多少游子心底最深的愿望。有人喜归家去，有人暗生愁绪，还有人明明已经乘上了归乡的小舟，却来不及抵达故乡的码头。他们在诗词歌赋里怀念故乡，想必也是在怀念当年那个未被俗世浸染、赤诚而天真的自己，可是还得了乡，也还不了当时年少。

韶华难留，天真易逝，那么，就愿你我，走得再远也莫忘了来时之路吧！

李商隐的时光魔法

✤ 闫 红

七年级上册的语文课本里有一首李商隐的《夜雨寄北》：

君问归期未有期，巴山夜雨涨秋池。
何当共剪西窗烛，却话巴山夜雨时。

看了就觉得，写作如打仗，有的字句像临时拉来的壮丁，凑数而已，稍有点风吹草动，就溃不成军。好作品则字字都是精兵强将，一个字就是一支队伍，说以一当百都算保守。

这首《夜雨寄北》无疑属于后者。

先看第一句这七个字：君问归期未有期。

君是谁呢？南宋洪迈编撰的《万首唐人绝句》里这首诗的题目是《夜雨寄内》，意思是这首诗是李商隐寄给内人，也就是妻子的。但有人考证，在李商隐入东川柳仲郢幕府前，他妻子就去世了。又有人考证，李商隐除了那一回，可能早前还曾去过巴山……也许还会有新的考证推翻这个说法。

其实这不重要，我们知道李商隐是在巴山的雨夜里写信给一个想知道他的归期的人就行了，他给的答案是，未有期。

三个字截住所有思念、期待和憧憬，李商隐看上去弱，下笔倒是真狠：像"曾是寂寥金烬暗，断无消息石榴红"，像"春心莫共花争发，一寸相思一寸灰"，像"刘郎已恨蓬山远，更隔蓬山一万重"……整个世界都在说"你死了这条心吧，不会有任何结果"，他还要把这个话对自己再重复一遍，用各种精致的比喻，往自己心上插刀子。

深刻的绝望，出自澎湃的渴望。难怪林妹妹不喜欢他，林妹妹推崇的王维、陶渊明风格都是"淡而自然"，李商隐的诗，算是诗中的"浓颜系"。

好了，都说"未有期"了，这个话题算是过了。还能说点什么吗？就聊聊天气吧。"巴山夜雨涨秋池"，你在北方的寒夜问我的归期，我只能告诉你，我在南方的巴山夜雨里，感到秋天的池塘，逐渐涨满。

世间情意常在不相干的话里，说我这里在下雨，不过是想让你感受到雨中的我自己。然而"巴山夜雨"四个字又加深了"无期"感，巴山，夜雨，是重重叠叠的围困。李白说"天长路远魂飞苦，梦魂

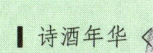

"沧海"像是漫漫岁月,"有泪"二字来得感性,旧时光无论悲喜,都能让人有泪盈睫。

不到关山难",世事无常,加上重峦叠嶂,人活在各种围困中,一点点主也做不得。

到这儿,算是彻底把天聊死了。可是,不知怎的,作者突然又起了兴致:"何当共剪西窗烛,却话巴山夜雨时。"纵然不知归期,隔着千山万水,但且让我想象一下,等到终于再见面的那一天,在西窗烛光下,我要跟你讲述雨落成潭的此刻。

有人把"却话巴山夜雨时"翻译成"相互倾诉今宵巴山夜雨中的思念之情",我感觉简单了。"巴山夜雨时"是个整体概念,我愿意理解为,在想念你的此刻,我无法和你在一起,我要用记忆封存这光阴,待到见面时,和你一起开启。那么原本平常的当下,将成为明日送你的礼物,用未来的目光来看,像被赋予了光,楚楚动人起来。

这就是堆叠时光创造的奇迹。

就像时尚高手擅长叠穿一样,伟大作家最懂得堆叠时光的妙处。比如《红楼梦》,作者是打了明牌的,一开始就提示结局,放弃悬念,是因为他知道,他能提供更高级的东西。

《红楼梦》里有几章写得温柔旖旎,大家一起赏红梅、吃鹿肉、咏白海棠、给宝玉庆生等。青春恰好,所有人都在,有着时间和财富的双重优裕,他们开怀得没有任何后顾之忧,就像花在春天里不留余地地绽放。

然而,拥有上帝视角的读者,会感到结局像滤镜一样笼罩所有情节,所有欢乐都置于悲伤的色调之下,参差交错,悲欣交集。

也有几章写得热闹非凡,比如王熙凤捉奸,与贾琏撕破脸,闹到贾母那里。再比如芳官等人与赵姨娘大打出手,整一个鸡飞狗跳锣鼓喧天。想到这般热闹终究落得个"白茫茫大地真干净"的寂寞,热闹也多了点层次。

可以说八十回《红楼梦》里的每一刻,都是两层时光叠在一起的。

李商隐也是爱堆叠,让人看不懂又放不下的《锦瑟》是一首回溯过往的诗:

锦瑟无端五十弦,一弦一柱思华年。
庄生晓梦迷蝴蝶,望帝春心托杜鹃。

117

沧海月明珠有泪，蓝田日暖玉生烟。

此情可待成追忆，只是当时已惘然。

问题是，他要回溯过往岁月里的什么？有怀念妻子和朋友等各种说法，我个人比较认同汪辟疆先生的说法，这是李商隐年近五十时"自道生平之诗"。

庄子梦见自己变成一只蝴蝶，醒来后发现自己还是庄周："不知周之梦为蝴蝶与？蝴蝶之梦为周与？周与蝴蝶则必有分矣。此之谓物化。"

这种体验可能每个人都有，在梦里，你变成别的人，或者另外一种视角，醒来时一阵恍惚，不知道此刻到底是梦里梦外。

尼采认为，视角决定事实，换言之，并不存在客观真相。如果人生不过是一种幻觉，一场迷梦，你也有变成蝴蝶的可能，那么，我们是不是可以不必那么执迷，可以洒脱一点点呢？

很难，就像传说中古蜀国的君王望帝杜宇，其死因已经渺茫难查，但他死后化为杜鹃，心犹不甘，啼到吐血的形象在古诗词里很常见。"其间旦暮闻何物？杜鹃啼血猿哀鸣。""子规夜半犹啼血，不信东风唤不回。"我们纵然不会执迷到吐血，但也度过了殚精竭虑、执迷不悟的一生。

"沧海月明珠有泪，蓝田日暖玉生烟。"看这字面，就静美至极。"沧海"像是漫漫岁月，"有泪"二字来得感性，旧时光无论悲喜，都能让人有泪盈睫。但这情绪并不深入，下一句"蓝田日暖玉生烟"，把镜头又拉远。蓝田这地方据说出美玉，晴暖的日子里，隐隐看到那玉气如烟，已经很美。

唐代诗人戴叔伦说："诗家之景，如蓝田日暖，良玉生烟，可望而不可置于眉睫之前也。"好诗就像蓝田，自有玉气，可远望而不可把玩，岁月不也是这样？过往美好得太不具体，看着令人惘怅。

没办法，最美好的，总是已经逝去的，让人渴慕的，总是隔着距离的。到后来，很自然地有了这么两句感慨："此情可待成追忆，只是当时已惘然。"站在当时的时间里，感觉到这些必然会成为追忆，告诉自己，要记住这一刻，这一句叮咛，让时间叠加，心中不由惘然。

四

而李商隐的时光魔法还不止于此，他那首《碧城》说的是天上仙女的日常，有一句"星沉海底当窗见，雨过河源隔座看"，是把时间和空间统统堆叠在一起。

星沉海底，对于人间是惊人的景象，仙女们却是当窗可见；雨过河源，落入凡间，也许是洪水滔天，也许是细雨轻飏，仙女们隔座看去，可能也没有太大差别。天上一日，地上一年，讲的是人间与仙境时间感知的不同，这句诗又展现出空间感的巨大差异。

有人说这首诗是讽刺唐代所谓女道士的放荡生活的，不管是不是女道士或者是不是讽刺放荡，李商隐通过堆叠时空，呈现出某种失重的、令人眩晕的，甚至有金属感的后现代之美，在古代诗歌中，算得上一个异类。

| 诗酒年华

残月仍在，瘦马嘶鸣

江岸之上，人影罕至，唯有一匹马儿于月下独行。马儿孤独地朝着西天残月嘶鸣，似在仰天而问……

❋ 王 一

夕阳照古道，昏鸦绕树飞，空气中一片萧然，古道上只有他一人怏怏地握着马绳，迎着西风踽踽而行。他已独自行了多日，一路来漂泊无定，唯有这匹马儿陪他一路蹚水过河，东奔西走。

马儿马儿，你可曾因为这羁旅怨过？可曾因为一路餐风沐雨怨过？你无法言语，只是不停蹄地行着。

你也曾长鬃飞扬，后腿的肌肉结实且匀称，奔起时逸尘而去、疾驰千里。而如今却是形销骨立、枯瘦如柴，唯有那双炯炯的眼仍似从前般直视前方，似要随时踏燕而去。可纵绞断愁肠，纵无数次马鞭轻扬，也不曾为你指明前行的方向。

"要怨只怨我这断肠人，害你落得如此地步！"他一边自责着，一边轻轻地抚着马鬃。

马儿不应他，他便只能失意地自吟道："夕

阳西下,断肠人在天涯。"

古有的卢背负刘备,一踊三丈跳过檀溪之水,救下主人一命,此乃名马;有赤兔忠肝义胆,随了那关云长而去,此乃忠马。名马忠马自然青史留名,可城墙根、街市上,那些双眼涣散而骨瘦如柴的马,又有何人会记得?

这日夜幕将至,长安城中暮色苍苍。久居家中的李端突觉无趣,便独自一人驾马游于长安城中。他两次应试不举,便游弋于权贵之间,渴望受到援引,可奈何终是事与愿违。

相较于初次进京时的春风得意,如今再于这偌大的长安城中奔走,只令他觉得一片寂寥。而天宝之乱后,大唐也不复往日繁华。如今,虽硝烟已散,但城中满目萧然。

胯下的马儿本优哉游哉地行着,却突然停滞不前,这使得他更烦躁了些。定睛一看,原是一匹老马卧在道上挡了去路。战后京中多有流民乞儿,失了主人的马儿亦是常见。

李端不耐烦地扬起鞭,"吁吁"地吆喝了几声,只见老马艰难地撑起前腿,身体沉重得似陷在了泥沼之中,良久,才艰难地挪开了身子。

他方前行了几步,便听见身后"嘭"的一声。原是那老马不过走了几步,身子便又重重地栽了下去。他心中突觉怆然,便勒马停下。

只见那老马卧在路边喘着粗气,许是长期卧地,肚皮上沾满了泥泞。虽已瘦得皮包骨头,却仍有蚊蚋密密麻麻地爬满它的身子,肆意吸食着它早已所剩不多的血肉。

他挥起手中的马鞭,试图唤醒它奔跑的记忆。可他却不知那马儿早已精疲力竭,难以起身。

"这可是匹名马,"有路人瞧见李端驱马,便也上前唏嘘着,"当年那将领骑着它驰骋疆场,每每从战场归来,可是一派神气呀!"

李端怔了怔,并未朝着路人应声。诚然,望着它此刻气息奄奄的样子,他实在无法将它和那神气飞扬的战马联系在一起。只是似乎马儿有情,路人朝着李端道它昔日之风采时,它的呼吸更重了些。那因瘦弱而略显凸出的双眼中,泪水缓缓涌出。

战事疾来疾去,马儿又怎会懂人间世事无常。若胜,它兴许可落得个丰衣足食的晚年;若败,便只能于断壁残垣上空嘶。

李端心生悲悯,又念及自身也曾怀有一腔报国志,恨极了那安史二人。可如今漫漫仕途路难行,他也逐渐失了方向,只能偶尔作些闲词曲赋以抒心志。李端顿觉如鲠在喉，便作了一首《瘦马行》。

"往时汉地相驰逐，如雨如风过平陆"，那是它疾驰沙场，陪着主人征战的日子；"岂意今朝驱不前，蚊蚋满身泥上腹"，如今主人已不知生死，它便只能流浪偷生。

最令它怀念的，不是陪主人凯旋，亦不是被赏金玉美饰，而是陪着主人于丛林中奔驰。主人骑射的功夫绝佳，它总能和主人打得一手好配合。每每擒得野兽而归，主人便总是欢喜地抚摸它的鬃发。

"玉勒金鞍既已远，追奔获兽有谁知。"奈何如今的它只能拖着瘦弱的身躯苟延残喘，再无人抚着它的鬃发为它骄傲了。

可它仍在等，等着那个身披金甲手执缰绳的将领。等他扬鞭一指，它便疾驰而去；等他口中轻吁，它便同他周旋于敌人间，好不潇洒。他是它的主人、它的方向。

"倘借长鸣陇上风，犹期一战安西道。"倘若主人还在，陇上风起、号角连鸣之时，它定要起身和主人共赴沙场。可如今，它剩得一身瘦骨，再无法有那些时候了。

残月挂西天，瘦马独嘶鸣。可同样望着那瘦马伤情的，却不止李端一人。这夜，细风吹纸，桌案前的龚开将笔锋轻转，面前这幅《瘦马图》就此画毕。

画卷上，是一匹瘦骨嶙峋的老马。老马俯身漫步前行，鬃毛随风而舞。只是这马身上无马鞍，头上也并无笼头。它的皮肤紧紧地包裹着根根肋骨，却丝毫不减孤高之态。龚开将手中的笔放在笔搁上，望着眼前的画卷出了神。

画卷上的马虽已瘦骨棱棱，但依然精神矍铄。他想，曾经的它定是匹志在千里的战马，是蹑影追风，背负着战士上阵杀敌的战马。他想，如果自己还年轻，定要骑上那筋骨强劲的战马，去雪靖康之耻，去赴襄樊之战。

但如今，纵心中壮怀激烈，也只能凭栏空悲切了。

龚开生于淮阴，常听人谈论岳飞或是梁红玉的传奇故事，因而他自小便胸怀大志，渴望为国而战。景定年间，他果然如少年所期一般拜任于朝廷，又得幸与后来的宰相陆秀夫同居广陵幕府。二人同心同志，为南宋复兴躬体力行。

直到景炎元年，元军压境，攻破南宋临安城。一时间朝廷分崩离析，君臣流亡海滨。彼时他虽已年过五旬，却仍随着其他抗元势力于闽浙一带活动。

三年后的崖山之战中，丞相陆秀夫不愿做亡国奴，负幼帝投海就义。自此，赵宋王朝彻底覆灭。龚开身为南宋遗民拒不入仕,而生活又难以为继,便只能以卖画为生。

他诗文书画无所不通,又擅花卉人物。可每每西风萧瑟而起,惹人心怀故国,他便拿起画笔勾勒出一匹马。只因唯有那奔跑着的骏马,方能载得动他心中的灭国之仇。

风料峭,他失神半晌,忽地执起笔,于这幅《瘦马图》上题诗一首:

一从云雾降天关,空尽先朝十二闲。

今日有谁怜瘦骨,夕阳沙岸影如山。

料想当年,那战马自云雾中奔驰而来,其超轶绝尘之姿非同寻常。它身形矫健,一身筋骨,仰天嘶鸣间,似要立刻扬蹄至沙场之上。

可时移世易,它逐渐老去,长期风尘仆仆使得它愈加瘦骨嶙峋。江岸上夕阳斜射,将它的身影拖得长如那高耸入云的危山。风吹起它的长鬃,又有谁会怜惜它呢?他想,自己便正如那匹独自徘徊在沙岸上的瘦马一般,心中有凌霄之志却无处可施。

一诗题罢,龚开心中的苦恨更加郁结。

可瘦马虽伶仃,毅有千里气。画卷上的马儿虽已是满身瘦骨,眼中却仍有几分傲然。虽叹命不公、道难行,但它坚韧如山而立。

龚开心中释然了,故国如同夕阳一般消失在一望无尽的江岸之上,纵他再追,也是追不上了。如马儿一般岿然不动,将汉人风骨熔铸于心,常记灭国之恨,坚守己志,兴许也是种报国之途罢。

那匹瘦马突然扬起前蹄,朝着夕阳的残影无畏奔去。疾风吹起它的鬃发,它相信,太阳明日仍会升起,而龚开的忠国之志也将至死不渝。

一弯弦月初生,夜已至。

四

马致远仍牵着那匹瘦马独行在他乡小道上,今夜他仍未觅得去处,便饮马江边,此刻虽是寂然,有马儿与他相互伴着也好。长安古城中,那匹老马虽伏在泥泞的地上低喘着,但它仍在等,等他的战士身披金甲而来。

江岸之上,人影罕至,唯有一匹马儿于月下独行。马儿孤独地朝着西天残月嘶鸣,似在仰天而问,为何赐它一身健骨,却又不予它奔赴战场的机会。

只是无人应它,唯有西风不断地吹着它瘦骨嶙峋的身体。但它从来不曾倒下,凛凛风骨在,何怕饥肠辘?

雪满长安

多情最是春庭雪，年年落满离人苑

鬼谷仙生

*桃墨曦

那白衣女子立在树下，嗅着一朵梨花，红色的纱缠住了她的眼睛。

一

遇到苏子那一日，是王诩最狼狈不堪的一日，他再也受不了夫子嫌恶的眼神，在嘲讽声中跑出学堂。但他亦不敢回家，因为担心看到母亲失望的表情。于是，他在清溪附近徘徊着，不知不觉，误入了林花深处。

那时，白茫茫的梨花如雪般开满了整个清溪，苏子站在一株梨花树下，仰头看着枝头唱歌的黄鹂。听到脚步声，她扭头朝王诩看过来："梨花林好久没客人来了，你是何人？"

白衣翩跹，声若空谷回音，哪怕她的双眼蒙着一层雪白的纱，那纱挡住了她大半面容，也不难想象这样风姿的人，该美到何种程度。

王诩不由自主地往后退了一步，将自己藏在了树后，唯恐自己丑陋的相貌叫仙人不喜。

"我、我姓王，名叫诩，言如飞羽，扬之天下。"

说完，王诩不由自主地红了脸。因这个名字，他曾被同窗好友嘲笑过好长一段时间，他们都说他大言不惭，时日一长，他也深觉自己说了大话。

她听完他的话，却说："这样的宏图大愿，与这样的大争之世倒是相得益彰。"

王诩愣住，抬起头去，将将看到她嘴角淡淡的笑容，与枝头的梨花相映，美得不似人间该有。

那一年，王诩十二岁，不过是个清瘦少年，而苏子亭亭玉立，身上有少女的灵动，亦有成熟女子的稳静。他不知她的来历背景，亦从未问过她别的事，只知道她叫苏子，有满腹的学识，有不尽的书籍。他叫她苏子姐，苏子淡淡地笑着说："以后有什么不知道的，就来梨花林找我，我教你。"

王诩低头，摸着额前的四颗肉痣，满心惶恐又充满期待地重重点头："嗯！"

清溪四年，在苏子的教导之下，王诩名声渐显，从原来其貌不扬的孩子长成了一个清秀的少年。不是没人中意他的前程，想将女儿嫁给他，只是每每看到他额前的四颗肉痣，连媒婆都忍不住避开视线。他不是第一次听人在背后说："王家那小子，真是可惜了一身气度。"

亦有实在嫁不出去的无盐女般的人想要与他破罐子破摔，王诩又怎样肯？

他心中自始至终都藏着一个秘密，这个秘密他未曾对任何人说过，日夜想起都觉得痛心绝望，却从未有一刻想过要放弃。

是的，他爱慕着苏子，不论她是人还是妖。

王诩怀疑苏子是妖。

人的容貌是不可能不老的，四年时间不长，但也不短，他长大了，苏子却还是最初他遇见时的模样。而清溪人来人往，他们没避开任何人，却只有他能见到她。

原来，旁人眼中的梨花林与他眼中的梨花林是不一样的。听闻妖精能织就幻境惑人，若她是妖，又会是什么妖呢？王诩坐在梨花树下，仰头看着坐在远处树枝上的苏子，她嗅着一朵梨花，惬意懒散。

王诩心中有千万疑问，却一句也问不出口，也没有机会再问。

因为苏子要离开清溪了。

王诩从未想过她会走，她是这般喜欢清溪的梨花，也曾说过想要在人间安家，怎会就这般离去？一直故作成熟稳重的少年，此刻终于按捺不住心中的焦急，捉住她的袖子，急切地问："你、你要去哪里？"

"故友相邀，要治我双目，好意无法推辞，只好一去。"

苏子伸手抚上双目，白纱覆盖之下的面容，是王诩从未见过的秘密。

那日，王诩为苏子送行，穿过浩浩荡荡的梨花林，在长满青苔的石阶的最后一级，苏子递给他一个竹简："日星象纬，六韬三略，所有我没能教你的，其上都有，够你参谋一世了。"

那时，王诩以为一别不过一两年，顶多三五年，待她治好双目，回来之日，他必定已经是一方权臣，做出一番功绩，好叫她欣慰。可王诩不知，人生短暂的数十年，在神佛精灵面前不过弹指一瞬，他未曾问出口的那些问题，很多年都没能找到机会问出口，而等他们再相遇时，有些问题已经再问不出口。

比如她到底是何妖精，比如她待他的温柔是否仅此一份，比如她若是双目能够视物，是否会嫌弃他的丑陋……

三

其后十余年，王诩周游天下，齐、楚、秦、卫都待过，最后走至洛邑，遇到了周王车马。周之国运即将散尽，天下终会如苏子当年所说的那般，进入一个漫长的大争之世，而他那时已淡去了许多名利之心，便回到了家乡。

清溪的梨花仍旧纯白，初春的风吹拂过去便成片地盛开，故人却不知去了哪里。当时分明只说是暂别，可这暂别的时光是否又太长了呢？

于是，王诩在清溪附近寻了一处幽静的山谷，改其名为鬼谷，自称鬼谷子，在这鬼谷中住了下来。这风起云涌的乱世，他只想当一个旁观者，传道授业解惑，这便是他的选择。

他遵循缘分，收了许多弟子。鬼谷门下弟子，少有凡品，他最喜欢的一个弟子叫苏秦。

王诩还记得第一次见到苏秦时的场景。

他坐在鬼谷幽静的竹屋屋檐下，低头看着面前摆开的棋盘，手里的《连山》忘记了翻看。他思索了良久，问前来拜师的少年："苏秦，你真想要和我学纵横之道吗？"

少年向前膝行，跪伏在地："秦志不改，请先生教我。"

王诩轻叹一声："那你便留下吧。"

少年对着他磕了三个头，抬起头时，眼中是闪闪发亮的坚定，王诩恍惚间看到了多年前的自己。

在清溪与苏子别后，他独自一人又在梨花林中研究了四年苏子留给他的竹简，那是一卷"天书"，只他一人能看到其上的文字。

他能预测到苏秦的未来，他收的许多弟子与苏秦一样，在这个时代注定会成为国之栋梁，左右天下局势，却也会一个个没入他们的时代中，成为传说。

他们出师时，王诩送他们离开鬼谷，都会问一个相同的问题："若有一日，你们会死在自己推行的法令下，你们会后悔吗？"

他总是得到同一个答案："若能实现我心所愿，虽万死犹不悔。"

庞涓遇羊而荣，孙膑逢战不输，苏秦佩六国相印，张仪两为秦相，商鞅助孝公变法，李斯帮始皇一统山河，他目睹一个个少年走进风云际会，而后如他们所愿的那般，万死不悔。

他会在每个风和日丽的白昼、星月辉映的夜晚，坐在梨花林中，对着那个已经空了很多年的方向说起弟子们的故事。他知道苏子听不到，但他仍在不停地说。

偶尔，王诩也会觉得寂寞，也会小酌几杯。也只有在微醺时，他才会看着空荡荡的梨花林，喃喃道一声："苏子，若你还在那儿该有多好……"

若她还在，他多想与她一起分享喜怒哀乐。

四

王诩收的最后一个弟子是徐福，那是秦时之事了。

始皇时，大苑中多枉死者，有鸟衔草坠地，以之覆死人，死人即起坐。始皇遣徐福问鬼谷先生，王诩问徐福："你说那鸟长什么样？"

徐福将那鸟的模样形容了一番，道："那鸟将这长得如菰苗一样的草丢在死去的人身上，死人便复活了，说来也是古怪，莫非是天谕？"

王诩垂目看着那株徐福带来的草，是不是天谕他不知道，但天道面前人人平等，并不特意垂怜于谁，那鸟的来意恐怕并不简单。

王诩对徐福道："此草名为不死草，生长在东海亶洲的琼田中。"

但他并未告诉徐福，三千世界，兴许每一个世界都有东海，但也兴许，只有一个东海才会有亶洲与琼田。至少，他们这个世界中没有亶洲。

徐福一去多年不回，始皇几次遣人去找，都没能找到。始皇终于震怒，自觉受到了欺骗，下令焚毁求仙问道的书籍，逮捕了大批术士。王诩因是徐福老师，也受到了波及，始皇下令火烧鬼谷，那场大火，整整烧了三天三夜才平息。

大火烧山，累及清溪，那片雪白了几百年的梨花林一夕之间变成灰烬。王诩站在废墟中怅然若失，六十年一甲子，多少甲子过去了，故人却还未归来……

他摸着自己额头上的四颗肉痣，眼中闪过一线期待的微光，首次为自己卜了一卦。

那一卦卜出，他的耳边忽然响起一道声音："还不醒来吗？舆鬼。"

那声音仿佛从九霄之上传来，缥缈至极，却又万分清晰。

舆鬼舆鬼，这个名字，为什么这样熟悉呢……

王诩在清溪的灰烬中晕了过去。

五

他名舆鬼，原是碧海苍天之上的神祇，是四象帝君之一的朱离手下的星官。他嗜睡如命，喜爱梦游，经常在梦中前往三千世界，体验不同的人生。

舆鬼悠悠地醒来，便见朱离陛下拢着袖子坐在床边的椅子上，似笑非笑地看着他说："伺候你的小童说，你这一觉睡得又沉又久，不知是在哪一处人间遇到了何等好玩之事？"

站在一旁的两个青衣童子也转着滴溜溜的漆黑眼睛看着他："师父，你这一次睡了好几天呢，确实比过去睡的时间久多了。"

舆鬼倦怠地爬起来，脑海中依稀还残留着梦中之事，王诩，王诩……这是他在梦中时的名字，在这个梦里，他是一个通天彻地、聪明绝顶的人。奥鬼为自己隐秘的心思而觉有趣，可梦中的遗憾也影响到了醒后的他。

苏子……那个清溪梨花林中的女子，那个叫王诩念念不忘数百年的女子又在哪里？她是人，是妖，还是仙？她又在哪一个世界中？

奥鬼出神地想着，朱离却已经施施然起身：“别发呆了，新同僚轸宿来了，晚间还要庆贺她的到来。你可别去迟了，虽然轸宿眼盲，却是咱朱雀殿唯一的姑娘。”

奥鬼心中一动，却生生按捺了回去，巧合吧，不可能每一个瞎子都是她。但秉持着对同僚的友好，奥鬼还是郑重其事地梳洗了一番。

童子为他梳发时，奥鬼下意识地摸向自己的额头，梦中的他额头有四颗肉痣，丑陋不堪，叫女子对他避若鬼神。

但那四颗肉痣其实代表了他的鬼宿之象，在天穹上，鬼宿便是由四颗星组成的，这样也防止了他入梦时会沉溺于人间的男女情爱。但奥鬼没想到，他防住了别人，却没防住自己会对别人动心。

去往轸宿殿的途中，奥鬼遇到了同去的同僚，问及轸宿为何会瞎，才知道原来轸宿真身为蚓。

同僚色急，搓着手道：“真身确实丑了些，但人家又不以真身而活，如今这人形是很美的。瞎亦非缺陷，这世间大多数都是瞎子，你我想瞎的时候还要装，她连装都不必……啊，说起来我也想当天然瞎的蚓了……”

同僚絮絮叨叨地说着，奥鬼的视线却凝在了远处的白衣女子身上。

轸宿殿外的梨花不合时宜地开着，如火如荼，那白衣女子立在树下，嗅着一朵梨花，红色的纱缠住了她的眼睛。那红纱被风吹拂，扬得老长，如一条红色的火焰。

同僚在一旁道："就是她！"

六

奥鬼走到那女子的身旁，细细打量她好久，轻声问："你叫什么？"

"枕苏子。"

"你可曾知晓一处，名清溪，清溪有梨花林，还有一个少年……"

"你怎么知道？"她诧异，一时无语，仰头对着他，良久才道，"昔日我曾耽于梦境，误入清溪梨花林，遇一少年，名叫王诩，我见他言辞间颇有志向，便教了他一段时间。后好友入梦邀我去治双目，梦醒前我还赠了他一本仙书。只是梦醒后，与他再未能见。你们可是旧识？"

似有风拂过奥鬼的眼，原来，那天书竟是这般被误会了的存在。

奥鬼伸手，温柔地执起她颊边的红纱，笑道："不是相似，那便是梦中的我啊。"

与君初相识，犹如故人归。

嗽金

*烧灯续昼

> 倘若用我一人的性命,得以成全我朝在后世史册上最后的体面,那么,我甘愿赴死。

雪满长安

(一)

"打死这个吃里爬外的东西!"

棍棒落在身上,角门却不觉得疼痛,他蜷缩着身子,任由他人将自己像块破布一般扔进了柴房。

后来他才知道,昭仁公主的嗽金鸟丢了,仆役久寻不得,遂拖了个曾来献艺的乐人出来顶罪,而他,就是那个替罪羊。

到了傍晚,角门听见一声声清脆的鸣啼,以及宫人们道喜的奉承之言,他猜到,约莫是公主的嗽金鸟找回来了。

他胡思乱想着,思绪愈发紊乱。

长夜寂寥,宫中铜墙铁壁。即使柴房门口看守"窃贼"的侍从早已调离,乐坊的师傅们也不敢来求情。角门知道自己是被忘在了柴房,只好拖着残破身躯从外头挖了一捧雪,敷在血肉模糊之处,好歹能缓解阵痛。

有簌簌踩雪声传来,角门半眯着眼往外看去,先是有一缕光撞了进来,紧接是一股子清冽的香气,像是梅,又带了些脂粉气,涌入鼻腔平白有些醉人。

他瞧见有个娇小的身影推门而入,在草垛边放下了什么,有瓷器叩地声传来,大抵是个碗。

那个身影披着大氅,头戴帷帽,将面容隐在皂纱后,但借着灯笼泄出的光亮,角门还是认出了那双有着金线描边和走兽

129

纹样的鹿皮靴。

西域进贡的孤品,皇帝只赐给了昭仁公主赵清越。

他急忙强撑着起身叩头,恭恭敬敬将头贴在冰冷的青石板上,哆哆嗦嗦道:"小人……见过公主。"

赵清越像是有些诧异:"你认得出我?"

他刻意奉承:"公主气度非凡,小人见之不忘。"

公主之姿不可直视,他只能一直俯身在地。

赵清越指了指那碗尚冒着热气的白粥:"嗽金非你所盗,这粥就算我的赔礼。"

"谢公主赐云母粥。"

赵清越忽然捂嘴笑了起来:"你倒是有意思,肚子里装了些墨水。"

前朝诗人曾将白粥美称作云母粥,只是流传至今知者并不多,更遑论能够脱口而出了。

角门窃喜:他哪里念过什么书呢?左右不过是在乐坊里学了些附庸风雅的小把戏罢了,想不到正对了公主的胃口。

"你唤什么?"

"小人角门。"

公主蹙眉咂摸了一下这名字。

他忙解释道:"小人的爹娘将小人卖进乐坊时,走的是小角门,师傅便随口给我起了这么个名字。"

将离之际,赵清越留了句"过些日子,我为你销了乐籍,放你出宫"。

角门颤颤巍巍地抬起头来,想要看看贵人的背影,却看见了满轮的月,他觉得那日的月光比平生看到的都要透亮。

打被放归后,角门时常觉得恍惚,自己究竟是当真得了昭仁公主的赏识,还是这一切只是一场梦。

教习师傅的鞭子落在不见光的皮肉上,他咬牙受着,日子也就这么熬过去了。

正当角门辗转反侧之际,赵清越亲自发话,要他去止梧宫中献艺。

角门用箜篌奏了一曲《春江花月夜》,他使尽浑身解数,却得不到半句称赞。隔着蜀地进献的屏风,他看不清她的神情,只瞧见有宫女在一旁奉茶,她伸手去要了一盏。

他费尽心机讨好,拿手好曲一首接着一首,甚至毛遂自荐要耍一耍不入流的民间杂耍,企图博赵清越一笑。

末了,只换来赵清越近乎同情的一句:"赏。"

可奇怪的是,赵清越虽对他的弦乐无甚兴趣,却日日唤他来。

赵清越时常窝在软榻上犯困,整日一副恹恹的模样,好似对什么都提不起兴致来。

唯一热衷的便是喂养嗽金鸟。

嗽金鸟乃昆明国进献而来,形如雀而色黄,羽毛柔密。

此鸟畏霜雪,于是赵清越仿古法为嗽金鸟造了个小屋,名曰"辟寒台",用西域琉璃为户牖,使内外通光。

嗽金鸟珍贵,当今世上也仅有这一

只,难怪当日仆役们宁愿将他打死,也不愿担上丢失嗽金鸟之罪。

有一日角门前来献艺时,恰是花朝节,皇帝下旨在御花园开设百花诗会,名门贵女们持帖赴会。

会中设宴,时令瓜果、各色鲜花陈列于前,更有歌舞助兴,好不热闹。

赵清越独自坐在止梧宫中,身边皆是垂手侍立的仆从,难免显得冷清。她坐在案前调香,待到香气盈室,她才缓缓抬起头来,听着远处传来的贵女们的嬉闹声,若有所思道:"你瞧,她们何其欢愉。"

旁人不解,昭仁公主身份尊贵,又是嫡出,只消招一招手,便有拥趸无数,更何况,公主年方十二,正是偏好热闹的年纪,为何却甘于寂寞。

来的次数多了,角门才明白,赵清越自有乐趣。更多时候,她喜欢屏退左右,独自一人伏在案上读书。

她读书很杂,也读得极快,看似囫囵吞枣。可角门明白,赵清越并非不求甚解,他曾听年长的宫女道,昭仁公主从前读史书时惯作批注,也写文章针砭时弊,后被皇帝诘责,禁足了半年之久。

赵清越往往看完一本,便随手递给角门,示意他看。二人一个坐着,一个跪着,隔着书案,一本本书便在二人之间传看着。

有一日赵清越在读一本杂记时,翻到"饮真茶,令人少眠,故茶美称不夜侯,美其功也"一句,她忽然捂着嘴笑了起来,她眼周总是乌青一片,整日一副兴致缺缺的样子,这还是角门头一回见她笑得这样畅快。

赵清越一边指着那行字,一边示意角门看过来:"古人称茶为'不夜侯',我第一次看的时候,看成了不夜候。彻夜不眠,清茶相候,被候之人该多让人艳羡?白昼苦短,所以只好秉烛夜游。所谓拨雪寻春,烧灯续昼也不过如此了。"

角门心领神会,立马跪倒在地,恭恭敬敬道:"小人愿为公主赴汤蹈火,更遑论不夜以候。"

角门刻意迎合,赵清越却很是受用,她扯着帕子捂住嘴角,面上嫣红,眉眼含笑,伸出手指点了点他额间,娇嗔一句:"你呀。"

这个动作实在轻浮,角门顿时心悸不止,难不成……难不成公主对自己另有青眼。

公主之青眼是和璧隋珠,这份天恩,落在乐人身上,是八辈子也修不来的福气。

正当角门面红耳赤、手足无措之时,却听赵清越道:"我早便说过要放你出宫,只是身边解闷的人少了,便拘了你一段时日,也罢,我明日便替你销了乐籍,再为你找个教习先生,好好念几年书,没准也能考个进士,也不枉这一身的才气。"

三

寒来暑往,秋收冬藏。

今年已是角门备考的第二个年头了。念书的日子难免困倦,他念乏了,便常常想起赵清越,想起在止梧宫的日子。那些时日如枯井般死寂，仿佛一眼就能望到死。

他警诫自己：万万不能成为赵清越那般的人。

赵清越分明身居高位，却仍一副闷闷不乐的模样。她把自己困在止梧宫中，对周遭一切都漠不关心，像是一块捂不化的冰。

角门仍记得，幼时在街边乞食，有位教书先生在私塾中滔滔不绝讲着："大道之行也，天下为公……"

彼时角门与私塾仅有一墙之隔，他睁着一双懵懂的眼，食不果腹，衣不蔽体，却把这四个字牢牢刻在了心底。

天下为公……这就是孔圣人说的"大同"，可是，天下真的能为公吗？

此时此刻，角门攥着《礼记》，教习先生的启蒙与幼年的回忆重叠在一起，有一种说不清道不明的滋味在他胸中激荡。

他望向窗外，往日景致似乎也不同了起来，那不再是山峦，而是九州。

他本就天资聪颖，赵清越为他请的先生更是京城中一等一的大家，三年来，那个在乐坊中圆滑处世的乐人早已脱胎换骨。

春和十六年，角门满怀壮志投身科举，乡试中举，会试落榜。

寒门中举，已是难得。发榜那日，角门喝了一夜的酒，也写了一夜的文章，他挥毫，笔下是他魂牵梦萦的"天下为公"。

春和十七年，角门受征召，成了县丞，那时他已经改名换姓了，名为白皎，一身官袍，正气凛然。

可乱世之中，结党营私显得分外稀松平常，世家大族的利益，又岂是他能够撼动的？他企图为民谋利，可到头来却无计可施，不论如何做，都是一场死局。

他是百姓口中无能的昏庸老爷，也是权贵眼中乱吠的跳梁小丑。

不出半年，他为奸人所害，流放边境。他游街时，百姓咒骂连连。

腥臭的泔水扑面而来，一颗曾炽热的心瞬间凉透。

朔漠的风沙终还是吹散了少年人的意气，他胸中那股激荡的情愫扰得他夜不能寐，非死不得休。

或许死亡才是唯一的归宿。

又是一个风雨萧瑟的夜晚，角门采了毒草正欲结束自己的性命，却发现有一块指甲盖大的金子就这么躺在他的桌上。

他紧紧攥着这块金子，金石本寒凉，攥在手里却好似要灼穿什么。

他用金粒买通了玉门关的戍兵统领，又买了一匹快马，逃往岭南。

为了活下去，他跑过堂，卖过力，乞过食。他曾将万民之福祉视为毕生追求，可世道艰难，就连活下去都好难。

最终，角门决意投身于权贵的门下，做一名门客。

两年来，他步步为营，一步一步地往上爬，终于，成了四皇子门下最被器重的谋臣。

角门看着自己手上的杀孽越来越重，只好告诉自己，所为一切皆是为了苍生，唯有身居高位，才能扭转乱局。

春和二十一年，老皇帝驾崩，四皇子赵通弑兄，斩杀太子，登基称王，改年号为元熹。

同年，角门任太子太傅一职，入宫授课。阔别七年，他终于还是见到了赵清越。

四

角门再次见到赵清越时，她坐在软轿上，仍是一副恹恹的模样，较从前还消瘦了不少，难免给人以弱柳扶风之感。

四目相对，角门心头猛地一紧。

他知道，赵清越被先皇指婚给了邻国国主，本该下月就出嫁了，谁知先皇驾崩，依制应守丧三年。

角门心中忽然很不是滋味。

那个风雅又矜贵的小公主，也要被卷进滚滚红尘中吗？

他看着赵清越，分明近在咫尺，可他又觉得赵清越离他好远。

角门满腹心事，赵清越却显得很是欢快，她甚至一路送他到了东华门。末了，似是漫不经心地问了句："太傅能出皇城否？"

角门点了点头。

"那劳烦太傅替我离开皇城，去看看雪山上盘旋的鹰，听听大漠中的驼铃，得了空与我说说便好。"

"公主，雪山上寸草不生，大漠商道的尽头是白骨，您向往的江淮沿岸亦有灾民万千。"

赵清越笑了起来，似乎并未消退兴致："那就替我去看看这世间的悲凉荒诞。"

赵清越说得没错，乱世之中，处处皆是悲凉荒诞。

先皇以怀柔之策治外，对内施以仁政，却给了外敌以休养生息之机。数十载下来，邻国壮大，野心勃勃，企图吞并我朝。赵通登基后，为改变现状，致力改革，以雷霆手段铲除奸佞。

角门深知苛政不利于民，可他身居高位，却不愿为民进言。他是从泥潭中一步一步爬向高台的，生怕一步走错，便坠入深渊，万劫不复。

果真，暴政招来的不是平息，而是摇旗反叛。

元熹二年，骠骑大将军邹金成卖国求荣，将边境十五城悉数献与邻国，带领敌军直捣皇城，国君赵通在战乱中被乱箭射死。

风雨飘摇的王朝，终于在雷雨交加中轰然塌逝。

五

城破之前，禁卫军护送皇室残党东逃，角门等亲信跟随。

风餐露宿中，角门留神去观察赵清越。那个向来养尊处优的小公主，此时此刻依然神情自若，与在止梧宫中别无二致。

而传说中浑体通黄的嗽金鸟，就这么乖乖地藏在赵清越的衣襟内侧。

敌国占领皇城后，派出邹金成率部追杀前朝余孽，以证忠心。

角门听到皇城中传来各种各样的消息。

他听闻有前朝举子撞死在了正午门，还听闻有数十名大臣抱石投湖。

角门可悲地发觉，自己心中那股熊熊燃烧的火灭了。倘若是七年前，他或许也会为国殉葬吧？

寒烟笼月，角门正发愣，嗽金鸟忽而落在了他眼前，吐出了一块辟寒金。

原来那便是辟寒金！

小小一粒金子，曾救他于危难之中。

他捧着那块辟寒金去找赵清越求证，赵清越却只是笑了笑，坦然道："我早便知道，父皇平庸，治国无方，我不像几位兄长那样可争夺皇位，也只好用自己的法子为万民尽一份心。"

她尽心尽力喂养嗽金鸟，再将嗽金放出去，嗽金鸟通灵，能在寒门屋舍前吐出辟寒金，以解困顿百姓燃眉之急。

而自己也正是在落魄之时受了嗽金鸟的恩惠，才能够爬到今天的位置。

角门也终于明白了赵清越为何总是眼角乌青。

借溶溶月色，赵清越屏退仆从，独自一人立于窗前，将嗽金鸟放出窗外，久久凝视着如墨夜色。

公主从小就明白，国体日渐衰弱，和亲势在必行。

嗽金鸟珍贵，求之者众多。

世人养嗽金鸟为了辟寒金，而小公主尽心喂养，起初只是因为同病相怜。

嗽金是笼中鸟，公主又何尝不是？

嗽金生于蛮荒，越山航海，被献于中原。

公主生于深宫，背井离乡，将和亲于邻国。

六

邹金成的大军终于还是追上了禁卫军。

他此次前来是奔着昭仁公主赵清越的，他要赵清越为天下演一出戏。

王朝虽灭，但总有前朝余孽打着"攘除外贼"的名号招兵买马，调动民愤。敌国要赵清越主动跪降，将舆图献与敌国国君，如此一来，敌国国君于名分上便是"德重所归"，有利百姓归顺，写进史书也是名正言顺。

赵清越是前朝唯一幸存的嫡系血脉，也是最好的跪降人选。

正当所有人都觉得昭仁公主会选择自我了结时，赵清越却应下了。

自打此事传开后，赵清越担下了万千骂名。

众大臣尚且赴死，更遑论公主。

公主是金枝玉叶，自小锦衣玉食，便理所应当为国殉葬，又怎可苟活于世？

可是角门心中总隐隐不安，那个放出嗽金鸟在寒舍前吐金的小公主，真的愿意跪降吗？

他说不清道不明，此时此刻自己对赵清越究竟是怀着怎样的情愫。

是夜，他率领家兵在邹金成的营帐及粮仓中放了把火，趁乱救走了赵清越。

他想，就算是葬身于此，也只当把这条命还给了公主。

"角门？"赵清越本被浓烟呛昏过去了，转醒时人仍是木木的，她有些诧异，"你怎么来了？"

"微臣前来救驾,护送公主离开。"

赵清越摇了摇头,她说:"角门,我不能走。"

前几日是中秋,百姓纷纷放天灯祈福。他们站在高高的山岗之上,有数十个天灯借风挂在了山顶的树枝上,赵清越举着火把,照亮天灯上的文字。

"愿爹娘寿比南山。"

"愿吾儿平安喜乐。"

"求与郎君同心同德。"

赵清越柔声道:"角门,你看啊,这就是他们的祈愿,这就是……供养我的子民。"

只一瞬,角门好似忘了自己是为何而来,他只记得在高高的山岗之上手持炬火的公主,记得曾醉倒在满池荷香中的公主。公主是皎月无瑕,本该永远这般无忧无虑下去……

赵清越的眸子在火把的映衬之下熠熠生辉。那双秋水眸中含满了哀恸与悲悯,那一瞬间,他忽然觉得昭仁公主不属人间。

她仰起头来,对着山川旷野,仿佛对着供奉她的子民,她说:"倘若用我一人的性命,得以成全我朝在后世史册上最后的体面,那么,我甘愿赴死。"

昭仁公主是朗日昭昭,也是仁者心性。

倏忽,角门从赵清越的火把中闻到了一股奇异的香气,片刻便沉沉睡过去了。

他几近要忘了,赵清越是一等一的调香高手。

七

角门等了许久,也没有等来赵清越,只有那只嗷金鸟安静地落在他的肩头。他听闻,昭仁公主在大殿之上献出舆图,图穷匕见,虽刺中了敌国国主,但伤不致命。

昭仁公主最终被乱刀砍死,她的尸首被挂在城墙上整整十天,直到腐烂发臭。

他分明记得,当年在止梧宫时,赵清越说:"气节是诱饵,尊崇是牢笼,只有这样才能让所谓忠臣前仆后继、死而后已,可是骨枯事休,再多身后名,又有什么用呢?"

如此通透的小公主,却死于"气节",多么可笑啊。

世道艰难,这条路,一个人走来难免孤单。他以为自己拼尽全力地活着,到头来,却成了和赵清越一般的人。

可到底,还是不同。

赵清越心中的火永不熄灭。

这世上的事,本来也就是没有道理的,人各有志,那就是她的道,虽万险而不辞。

通透早慧的小公主,最后却甘愿以身殉葬,而满腔热忱的乐人,却一身血债,无法偿还。

角门纵马将嗷金鸟送归故土,他看着那只通体金黄的鸟儿愈飞愈高,逐渐消失在了夜色中。

角门忽然想起自己曾经问过赵清越:"公主如何看待为国殉葬之人?"

她不答,却反问:"倘若万般皆不得遂愿,你可还愿坚守心中之道?"

昭仁公主被困死在了她的国土,而她的嗷金终得自由。

山月归人

※ 莫 卡

一 旧时明月

渔阳茶馆，说书人正讲到偃师顾家被天子抄家灭族的那一段，姜狐只觉心血瞬枯。在满堂雷呼鼎沸中，她被身边人握住了手。

说书人端坐高台后，抑扬顿挫念出一首王少伯的定场诗："闺中少妇不知愁，春日凝妆上翠楼。忽见陌头杨柳色，悔教夫婿觅封侯。"

惊堂木拍下，震得人神思恍惚。

世上若当真有后悔药，她应早早在甲辰年正月初一那日服下。

那个无云无月的朔日，少年偃师剪纸为镜，引明月出重山。百姓吹灯赏月，满城繁灯渐熄。金吾卫与司天监飞马急报大内。

十六岁的姜狐坐在斟斯楼的龙脊鱼瓦上，无心欣赏月影残雪，眼中只有青衫少年，他的柔澈目光比月光更醉人。

无人知晓这场华光倾城，是他送她的生辰礼。正如无人知晓，她所爱非明月，而是眼前人。

此后少年偃师声名鹊起，好事书生于勾栏章台行诗作令，唤他明月春风郎。

大内也破例，将金明池宴御函送到了这个没有世家倚仗，甚至不为三教九流所容的偃师手上。

临行前夜，他与姜狐竹林共饮，意气豪言："走，师妹，我们去扬名天下。"

姜狐却没有资格与师兄同去，只能跟在队伍后送他。

他笑着道："待明月下西楼，我就回来了。你……"

他看她的目光，像看一个对等待与爱都一无所知的孩童。话到嘴边又觉千斤重，生怕压坏了这颗南风中初发的红豆。

最终冲她一挥手："这句先欠着，等我回来同你说。"

正月十五，天子赐宴临水殿，金明池上彩船横列，红纱金灯，百戏热闹。

> 天水重重，顾辞镜回望姜狐，如从天地缝隙窥望人间最后一瓣春花。

龙船观台上，天子却意兴阑珊。

近侍察言观色，提着琉璃玉扇灯下了龙船，周遭护卫的虎船都息了声响，往两侧远远散开。

一芥小舟飘摇，执扇小童银丝悬指，从鲛宫载一白衣垂钓女子逐月而至。女子肤容胜雪，自称芊芊，披着半重月色半重灯影，捧着青梅瓷盏，献鱼寄心。

天子亲去扶她玉雪双腕。

却有风起，不知哪处的伶人失手敲响一串鼓锣。

芊芊曼妙身姿猝然倒地，须臾红颜作白骨，在天子脚边散了满阶木头、皮漆——竟是一具木傀儡。

天子惊怒，金明池闭宫三年。

献偶的天才偃师从此销声匿迹。

二 孤光自照

断竹牵丝，削木为箭，姜狐以银丝弓箭将一堆嬉笑起哄的泼皮乞儿惊散，露出被他们按在地上欺辱的少年。

他怀中紧护的鱼缸内，青瓷潋滟，红尾摇曳，同师兄那年买给她的一般模样。

姜狐手指轻敲鱼缸，如同敲在谢蜉心口，他的神色由木然逐渐转向清明。

"你得学着保护自己。"姜狐将长弓塞入谢蜉手中。

少年虽瘦，身形却峻拔，高出姜狐许多。

姜狐将银线嵌住的一个乞儿拉近，不顾哀号拆下他的手臂——那竟是绿竹制成的，是顾家竹枝堂的手艺。

姜狐半圈住谢蜉，轻抚他修长如竹节的手指，摸至他心口两寸。

心跳猛骤，谢蜉捉住她的手。心台本是雪天一色万径无人，偏她撞破青穹浩浩，刹那云潮决堤万石钟响。

河中木棹划开水浪，一叶轻舸自石桥下缓缓游出。船头一蓝衫青年握着柄细长翠竹，闭目临渊，似有所待。

谢蜉忽然开口："续竹城少东家，顾辞镜。"

在这位少东家的带领下，偃师微末之流的顾家在这里开城立门，仅用三年。他又心善，开义馆竹枝堂，以傀儡丝竹为人接脉续骨，不收分文。

姜狐指间丝线骤然飞掠过舟上蓝衫青年发边，挑衅道："顾家傀儡术不过尔尔！顾辞镜，你敢不敢同我比一场？"

顾辞镜手中的青翠竹枝平平削出，同姜狐指间的丝线纠缠，姜狐竟如木偶般，被他牵引着翩然踏过细竹，远远落回石桥。

顾辞镜转竹收腕，一双含笑眼，冲她摊开手，手心赫然是她腕上的珊瑚坠。那是她寻师兄三年来，唯一得到的线索"忧天坠"，是天才偃师初次于金明池献偶时，在御前得到的赏赐。

"还我！"姜狐急切。小船远渡，她仍殷殷扒着石栏远眺。山光如玉，江河湛然，都似行人眉目。

岸边，谢蜉握着姜狐给他的弓箭，推臂拉弦，指间乍放，箭穿金柳。

天水重重，顾辞镜回望姜狐，如从天地缝隙窥望人间最后一瓣春花。

三 以木替身

春江雪消，天地清明，姜狐刚刚从后山摸进顾宅，就被宅中巡视的守卫发现。

她慌不择路，忽见一道峻拔身影闪过，隐约熟悉。

"……师兄？"姜狐不可置信轻声道。

三年前金明池宴，师兄因傀儡惊驾获罪，传言身死，姜狐不信。师兄十六岁便登顶偃师最高境，造出与真人一般无二行动自如的傀儡，生来当去凌云处，怎会如昙花般瞬开瞬灭？

那身影微顿，回头看她一眼，眉眼之间，像极了故人。

姜狐紧随其后至湖边，以牵丝掩身在古梅修竹的乌檐后。

月穿青松，疏疏如雪。松下拭竹的顾辞镜手上，正戴着那串红珊瑚珠子——忧天坠。

姜狐肩上被人一拍，谢蜉的脸半隐在乌檐月中冲她轻笑，抬手把她从藏身的屋檐一把推下。

"什么人！"顾辞镜持竹起身。

姜狐重重摔进湖中，冰冷的池水淹没口鼻，耳边仿佛是少时师兄的声音："傀儡一道，溯本其源，无非'以木替身'之技。"

昏沉中一个温暖的怀抱拥住她，带着她往池中月亮的方向游去。呼吸不畅之际，唇边有温软落下。

她迷迷糊糊地说："师兄，我要被大鱼吃掉了……"

顾辞镜"嘶"了一声，按住自己被咬破的唇角。

他抱着姜狐从池中上了岸，用手心抹去姜狐脸上的水。三分好月，两分春水，他却觉心中春雷乍响，动魄惊心。

姜狐眼角的泪不停落下，灼伤顾辞镜的指尖。他一顿，指腹轻柔地点在她脸颊，温声哄道："别哭了，我把大鱼赶走了。"

姜狐醒来，已在顾辞镜院中，却难觅其人。金明池将开，顾辞镜作为下任家主，正要为这一年新制的傀儡做最后的精细准备。

姜狐在逛到又一所小院时，再次被频繁巡视的顾家家仆拦下。

在各种记载傀儡师的典籍中都有高深莫测的"以木替身"神迹可寻，可她耗费三年，依然寻不到师兄，只能潜来当年和师兄同在金明池献技的顾家打探。

她倚着院中柿子树，少时在师父膝下修习，师父庐前也有许多这样的柿子树，她与师兄常以牵丝为戏，谁能踏上最高最细的枝丫取下柿子，谁便可偷闲下山听戏。

咬了一口手中柿子，涩得唇舌发麻。

"这是我尝过最甜的柿子，赠予你家少主，以报水中救我之恩。"

四　悔入相思局

"前几日潜入家主内室的人并未捉到，所幸密室门并无开动。"顾辞镜的目光落在那半颗青柿上，神色晦默，挥手令他父亲的院侍退出。

姜狐多次以报恩、切磋为名探查顾宅，顾辞镜却只在必要时以翠竹枝轻拦，引她迷路，再用竹枝牵着送她出竹林。

如今她传话，若顾辞镜再不出去见她，她就把顾家所有院子里的柿子都摘光酿酒。

顾辞镜将这两日新做好的小木偶放出门去。小木偶巴掌大小，憨厚可爱，顺着主人牵引，寻到姜狐身边，拉着她衣角，爬至她肩头，圆润手脚不曾站稳，摔下时扑吻到姜狐唇角。

牵丝同木偶五感相连，顾辞镜指尖蜷缩，他本是引姜狐下山，此时四目相对，猛然红了耳尖，夺路而逃。

这茶楼木构两层，正适合搭台听戏，城中年轻男女多来此地相会同游，称其"相思局"。

姜狐紧随顾辞镜步入，台上正演到鼓锣喧嚣。

唱一个名叫黄河的贵女，同贫民男子相爱。府中杀了男子，谁知男子的"心"跳出去，每日在黄河的绣楼外"咚咚咚咚"地唱歌，找了道长去收，道长只说"不见黄河心不死"。

这段戏文里的旧公案，实在冷僻诡秘。

顾辞镜皱眉，台上已换了一出《珍珠塔》。书生带着小姐送的珍珠塔上路，半道里忽而跳出个胡子大盗将这宝物劫走。

姜狐"咔嚓"捏碎了花生，对上顾辞镜意味深长的眼神，恍然悟到自己的行径在他眼中正是这胡子盗贼的形象。

她倏然起身，不想大雨忽至，顾辞镜为了让她淋雨，竟买下茶楼边所有的伞。

"我又没有得手，你何至如此？"

银河倾泻的茶楼屋檐下，顾辞镜抱着许多油纸伞，状若无意地问她："姜姑娘，你要伞吗？"

卖伞的老人家高声喊："你要说借给她，让她改日再还你，这样一来一去，你和她不就有了往来？"

春初的雨飘落在顾辞镜额间，他攥紧伞骨，嗓音微哑："是借你……如果你愿意留下来，以后院子里所有的柿子，都给你酿酒。"

他似不敢听回话，将竹青油纸伞全都塞到她手中，提线木偶似的僵着走进大雨里。

姜狐追出去，两个人竟然抱着伞在雨里傻站。还是顾辞镜反应过来，撑开伞遮住姜狐，又被姜狐一把扯进伞下。

卖伞的老人家笑道："这不就对了，这茶楼的《白蛇》天天都这么演。只可惜今天角儿伤寒临时换了戏，不然与你们正应景。"

两人携手同乘最后一艘渡船，江中渔火千盏，新升明月一轮。

顾辞镜忽然轻声问道："姜狐，你到我家密室中，是找什么？"

五　恰如故人归

姜狐潜入续竹城顾家，接近顾辞镜，只为一睹师兄所绘傀儡图纸——那是金明池中傀儡芊芊的制作之秘。

如今金明池重开，唯有可"救活芊芊"的偃师允许进宫，顾家在其之列，让她怀疑师兄失踪后，顾家藏起了图纸。

"顾家并无此图纸。"顾辞镜牵着姜狐的手，带她打开家中秘不外见的密室——里面只放着一些顾氏的木偶散件，精妙绝伦，却不足以制造出"芊芊"。

姜狐泪光闪烁，顾辞镜轻声安慰："顾家另有皇恩，无须制出'芊芊'也可进宫，我一定为你打探师兄下落。"

夜深，姜狐窗前柿子滚动，谢蜉垂足坐在窗外松枝上，凌厉眼神像惊蛰醒春的第一道闪电，撕裂了护城河边安静清冷的幻象。

"你不是自诩闲云野鹤，原要做个搅弄江湖风云的混世小魔王？"

谢蜉被姜狐惊诧的表情取悦："姓顾的三分好颜色就把你折翼在这里，拙劣的金丝雀。"

"你究竟是谁？"

她分明救过他，他却以怨报德将她从屋顶掀落，深夜贸然来访，又是这样的熟稔口吻。

谢蜉并不答她，抛着手中柿子漫声道："姜狐，你可知如何酿一坛柿子酒？"

姜狐心中蓦然有了一个难以置信的想法，声音发颤："拣在枝头红着且坚脆如藕的，采桑叶煎汤，候凉加盐……"

"扔去青皮方柿和红皮肉糜的柿子，淘洗几个小罐子，把柿子浸进去。"

谢蜉站起身，松枝上的积雪纷纷掉落。

"这是你师父从古书上得来的法子，隔两宿取出来，柿子脆爽鲜嫩，绝无涩味。"

他在袖中转出一把长刃，冲姜狐一笑，往顾家主宅而去。

姜狐急忙跟在后面，竟然见着近日守卫甚严的院子巡防已被遣散，不知有什么秘密包裹在这夜色里。

谢蜉直接走去敲了敲门。

"进来。"屋内嗓音苍老，正是顾家家主。

谢蜉转身冲着姜狐，竖起手指压在唇上。

屋内的人急切地问："你说你有'芊芊'图纸？"

"不错。"

屋檐上，姜狐见谢蜉外衫一展即收，顾家主尚未看清，他已退至门边。

"我要的银钱在哪里？"

顾家主面露难色："你要得太多，我如何能……"

谢蜉竖起三根手指，在眼前正反一翻："三日为限，想要得到'芊芊'的偃师又不止你一家。"

他转身大摇大摆地出了院子，没有回头。

姜狐心中已然大乱，却依然屏息凝神伏在檐上。

三指翻覆。

那是从前惹了师父生气时，她与师兄的暗号：声东击西，按兵不动。

门再次被推开，顾辞镜带着锦盒进入。

顾家家主将一个暗格打开，取出一张染血的图纸来。

他神似疯魔，将图纸放在灯下细看。

"世间怎还会有另一张'芊芊'图纸？它明明在这里！"

家主冷静下来，将图纸原样收回。

"金明池重开在即，我决不允许有人在我之前重制'芊芊'。"

他推开阻拦的顾辞镜，亲自带人备刀去追谢蜉。

姜狐握紧手心，等到顾辞镜也离开，才从檐角翻下，自暗格中取出那带血的图纸。

纸上血迹已沉。

卷角熟悉的字迹，是她师兄的名讳。

六　不如归去

火龙如陨星流矢一样网向整个续竹城，追捕谢蜉的队伍熊熊盘踞在整座山中。

姜狐心中希望他藏匿有方，不要被她之外的任何人找到。

她肩头忽而被匕首抵住，身后之人轻笑一声，调转匕首的刀刃，轻轻敲她的肩头。

她转身。

少年摘下脸上刚买的傩面盖在她的脸上，无奈笑道："别追我了行不行？你在后面追着，我都不想跑了。"

他忽然俯身，在傩面的唇上啄了一下，大笑着疾步后撤，原本隐匿在市集中的追捕者闻声执刀而出。

集市中人不知发生何事，一时全都避走。姜狐立在空荡的街心，手中紧抱谢蜉给的梅子青瓷，红鲤无忧无虑，长尾缱绻，被她滴落的泪烫到。

护城河边，谢蜉歪在初见的那棵垂丝金柳下，握着弓箭的手臂软软地垂在身侧，是姜狐当初随手做的那把粗糙小弓。

姜狐扑过去捧起他的手，刀口齐整，被切断的地方隐约有冰冷月色流动——是她再熟悉不过的牵丝线。

"他们怎么突然撤走那么多人，是你放的火？"

谢蜉赞许地看向姜狐："你送的弓我可护好了，没让他们伤着一分。"

他抬起完好的另一只手轻轻擦掉姜狐的眼泪，挑眉道："你要是没跟着姓顾的跑了，好好教我箭术，我的手就不会断了。"

"师兄……"

谢蜉一愣，忽然大笑。

"姜狐，你也是傀师，我是人是偶，你竟然分不清吗？"

她当然分得清。可是她明明摸过谢蜉的心口，那里跳动的，是一颗有血有肉的心，他怎会是傀偶？

谢蜉将她的手按在自己心口，天真又残忍。

"这里的确有颗心，只是你认不出它。"

但这颗心认出了姜狐，在她靠近时，从鸿蒙中唤醒了谢蜉的神识。

那一年金明池畔，姜狐的师兄被关入牢中，谁知天子对芊芊动了心，相思难耐，将他交给由世家推荐的顾家，许诺只要他重新制出芊芊，便既往不咎。

然而，没有傀师可以在见过芊芊之后不动心。

想要独占芊芊的家主对不肯交出图纸的少年随意用刑。

"他后来逃跑时伤了眼睛，被抓回来后，又被废了双腿。"

重返人间的希望被日日夜夜的酷刑碾碎。

心灰意冷的最后，他用那双巧夺天工的手，把自己的心给了自己亲手制造的谢蜉。

世间确有"以木替身"之术，却并非以木替代人身受苦，而是将傀师的记忆、心神，替于傀偶之上。

"师妹年少，劳你替我，伴她还家。"

都城章台新柳正绿，金粉东风中仍有人歌"明月春风郎"。

歌中的人却已落在尘土里。

身边只有困住他三年的墙石，石上一片月，越绝三春去。

"故山只在白云间，不如归去，不如归去。"

七 莫放相思醒

顾辞镜看着被侍卫带到前厅的两人，选了一把尚未完全烧坏的木椅坐下，这已是顾家唯一完整的家当了。

他长长地叹了口气，烽火戏诸侯，不过如此。

"姜狐，你要我怎么办？"

顾家年轻的少家主，在焚毁的残垣断壁里，目光直逼心上人。

下月即将前往金明池进献的傀偶也毁于火中，这是要诛灭整个家族的罪。

"父亲闯进火里抢图纸，也……"

顾辞镜闭了闭眼。

屋外族人们高喊："没有图纸，就拿姜狐进宫！"

曾和老族长一起进宫的族人们见过芊芊，正是姜狐这张脸！

姜狐的师兄说要带姜狐名扬天下，就果然带着姜狐一块儿去了——以一尊同姜狐长得一模一样的傀偶。

以傀师同木傀偶生死不离之情，隐秘昭告少年人未曾宣之于口的心思。

顾辞镜忽然双膝落地，跪在谢蜉和姜狐面前，言辞恳切："二位已有图纸，可能摒弃前嫌，救我顾氏一族？"

交不出芊芊，顾家亡矣。

可是那张图纸，本就是残缺的。姜狐与谢蜉，也终究不是那位"明月春风郎"。

顾辞镜掸了掸膝上的灰尘，利落站起来："那你就准备准备，进宫做贵妃吧。"

仿佛先前与她种种，不过都是他为了让她心甘情愿代替芊芊而设的局。

"你是不是早就知道芊芊无法重制？"

"当然，你身边这小东西，也是我替你师兄扔到牢外面的，他说是个没有神识的残次品。"顾辞镜恍若不解，"怎么？难不成你竟然对我有真心？"

他仰天大笑，在四处漏风的屋殿里困兽般乱转，竟被他不知从哪里摸出一壶酒，他拿袖子擦干净酒盏，倒了一杯，递给姜狐。

"叩首问前程，不敢怜风月！姜姑娘，大难已至，你还同我谈什么真心？饮下这杯酒，咱们各自奔前程吧！"

姜狐挥袖砸了杯子。

顾辞镜冷下脸，命令守卫："她师兄总说想同师妹还家，就关她到那牢里……却道，吾心安处是吾家！"

顾辞镜忍不住还唱了一句，全无平日翩翩公子模样，十足的面目可憎。

姜狐怒道："我师兄的忧天坠还来！"

顾辞镜横腕："那你来拿。"

待姜狐走近，他又忽然收拢手掌，挑唇笑道："不给你。"

姜狐将谢蜉背在肩上，头也不回地走了。

珊瑚坠挂在顾辞镜腕间，无忧无虑地晃悠在三月的春风里，像情人的心间痣，不识人间伤心处。

黎明又至，万物苏醒，石上生花。

守卫惊慌道："家主，不好了，牢中那两人跑了！"

顾辞镜浑不在意："人没了就去追。叫上族中所有人，通通去追。"

他将手中雕琢的小木偶放下，小心拂去木屑，一字一字道："追不到，就都别回来了。"

他一身白衣磊落，却在断壁残垣中沾满了灰尘，形容落拓，眉间愁生。

面前的高墙一抬手就能轻易推倒。山火滚过的宅子，脆得像纸，哪里能困住人。

他翻开旧宅子的石缝，在灰烬中翻出一个镶金锦盒，是前一夜他拿着走进父亲屋中的那个，里面是张胭脂纸笺。

如果没有那场火，也许这就是他的请婚书："辞愿风雨同心，偕老山林。"

他从檐下烤焦的柳条上折下一枝，权当炭笔，轻描手中木偶与姜狐相似的眉眼，笑了笑："妆罢轻声问夫婿。"

他给自己也倒了杯酒，捡起姜狐丢掉的杯子，轻轻一碰，交杯而饮。

他并不无辜。

当年金明池上惊散了芊芊的铜锣声，就是他的手笔。

那年他随父亲入宫，转过长街灯花亭台，正遇着恋恋不舍告别师兄的姜狐。一见平生，爱与怖深种。

那日小木偶扑吻姜狐，是蓄谋已久，一生这样短，竟只够伴姜狐听过一场戏。

他也有真心，可他不敢说。既怕折磨她，又怕自己软弱，说出口就不舍得为他的族人赴死。

愿我心上人，昭昭如月明，弃我如敝履，白首不相见。

因之穿着一袭纯白色的衣袍，如剩下的凉风般缓缓穿行在喧哗的洛阳城中。

洛阳伽蓝记

✽ 李明尔

一

这是庙里的最后一把米了。小和尚望着锅里的白粥揉了揉肚子，即使那粥稀得像层雾，他依旧得抿紧嘴才能抑制住自己的食欲。他从昨天开始就没吃过东西了。

小和尚最后用力地闻了把白米的香气，端着碗走进住持师父的房间。师父坐在蒲团上入定，双手合十，念念有词，对白米香甜的气息没有一丝反应，小和尚叹了口气，放下碗筷走了出来。

如果他也能像师父一样悟得大道，是不是就不会饿了呢？小和尚想着，从袋里拿出了一颗圆滚滚的土豆。

它已经在小和尚的袋子里躺了好些日子了，却依旧是明黄明黄的外衣，没有一点要坏掉的迹象，圆润得好像一颗珠子。

小和尚把土豆放在手心一圈一圈揉起来，犹豫不决：明天，师父就没有东西吃了。可这颗土豆是一位女施主给他的，人家也没说是送给他，还是让他帮忙供奉在庙里的。这饥荒的年头，土豆也是救命的食粮，说不定她想起来了还会问他要回去，他怎么能随便吃掉呢？

而且，它那么好看，小和尚可舍不得把它切碎了煮烂。想着想着，小和尚忽然觉得手心一痒，定睛一看，发现小土豆好像动了一下。小和尚揉揉眼睛，他大概是饿昏了。

"你到底吃不吃啊，转来转去的，不累吗？"面前的少女扶着脑袋，显然因为小和尚刚才的揉捏，很是头晕。

二

去年初夏的时候，长安民众起义，闹得都城战乱纷飞，庙里还收留了好些东逃而来的灾民。

可后来，也不知是不是战争触怒了神明，眼看就要收麦了，田里竟惹了蝗灾，黄澄澄的麦子，不过几日工夫便毁得一干二净。

粮价迅速攀升，民怨沸腾，官府开仓放了几次粮，也终究是无力回天。再接下去，便不是银子的问题了。

一向风调雨顺的洛阳，竟也闹起了饥荒。

连性命都保不住了，谁还记得烧香呢？

庙里的香火一日不如一日，渐渐也到了揭不开锅的日子。平日里为下一任住持之位争得势同水火、看起来诚心向佛的师兄们，也都叹了口气，挨个离去了。

只剩下了住持师父和熬着粥的小和尚。

其实小和尚也不是小和尚，他没受过戒也没入过师门，不用上早课也不用念经，小时候被住持捡来，收养在庙里，长大了就在伙房帮帮忙。

不过住持师父给他取了个很好听的名字：因之。因之对做饭这件事如同师父对念经那般虔诚，他觉得只要庙里还有最后一把米，他就要守在厨房，为师父做饭。

三

"我的土豆呢？"小和尚的第一反应是手里圆滚滚的土豆不见了。

"在这里啊。"小姑娘扬了扬她圆润可爱的脑袋，因之看着她明黄艳丽的长裙和幽幽斜靠在廊柱上的模样，想起了师兄们说起过的妖异。

"你是妖啊。"因之很是失望地说。

"妖怎么了？"听着因之的语气，小土豆夕雾很是不满。

"那就不能吃你了啊。"因之忧伤地凝着眉，望着夕雾软软的脸颊，他仿佛都能闻出土豆煮熟以后沁着香气的味道。

可他最后的土豆，也没有了。

"为什么不能吃？"夕雾颤着长长的睫毛，望向因之。

因之却看也不看她，低着头念叨："阿弥陀佛，佛门中人怎么可以杀生呢？"

"那我变成小土豆你就可以吃了啊。"

"不可不可。"因之还是摇头。

"那为什么你刚才一直想吃我呢？变成一颗土豆和变成一个人，我都是我，有什么区别吗？"

因之被问得说不出话来，只得晃着脑袋感伤自己空洞的胃。

夕雾觉得无趣，努了努嘴，忽然眼睛一亮，靠到了小和尚耳边："其实啊，我是一只很坏很坏的妖。"她故作凶狠地说："你不吃我，我会吃掉你的。"

因之听了果然抬起头来，却是狠狠翻了一个白眼："你不要以为我只是个厨子，我好歹也是在庙里长大的，你这种小妖，吃了和尚就会永世不得超生的。"他好像很受不了不被人当成正式和尚，皱着眉嫌弃地说："你离我远点，男女授受不亲。"

"切，别自作多情了。"夕雾站直了身子，故作妩媚地抚了抚袖子。

"我喜欢的可是城南的宋书生，而且宋仪郎君也是那么喜欢我，可惜啊，"她幽幽叹了口气，"他那个正牌夫人小气得紧，硬说我是妖……"

"你难道不是妖吗？"

"好吧，"夕雾勉为其难地点点头，语气忽然变得气愤起来，"不然我也不会被那个臭道士封印啊。"

说着她卷起袖子把手臂露到因之面前，上面斑驳地落着凌厉可怖的伤痕，新旧交织："看看，臭道士在我身上下了咒，每天不是火烤就是冰镇，把我折磨得痛不欲生。"

因之瞧着本来有几丝不忍，听了这话恍然大悟："难怪我总能闻到香味啊。"

"你说什么？"

"没什么。"因之转过头去。

"所以啊，我现在简直是生不如死，你还是吃了我，让我一了百了吧。"

因之看了她一眼，摇摇头。

夕雾费了那么多口舌，居然还是这个结果，她"啪"地拍了一下小和尚的脑袋："你到底吃不吃！不吃我走了！"

"不吃。"

听到这句话，夕雾迈开步子就要走出庙门。

"喂，你给我站住！"

"那你追我呀。"夕雾回过头，调皮地做了个鬼脸。

因之跟着夕雾一路跑到河边，小土豆忽然止住了步子，听说土豆在水里泡一泡，会掉一层皮。

夕雾回过身，"你到底吃不吃我，横竖都是死，你不要我我就跳河了。"

"我……"因之不过犹豫了几秒钟，夕雾就纵身一跃。

"不要啊！"因之喊着，跟着跳了下去。

只是施了个隐身术的夕雾倚在树边，优哉游哉地看着小和尚在水里扑腾。河水洗干净了因之脸上的煤灰，露出了一张白净清秀的小脸，在水里起起伏伏。

"哎哟，小和尚你长得还挺好看的嘛。"

因之听到了夕雾的声音立马回头，发现自己被耍了之后恼怒地拍了一下水，水花没拍起来，自己先喝下了一口河水。

"你倒是救我啊！"

"我也不会游泳啊。"夕雾瞪着大眼睛一脸无辜地说，"要不，你站起来试试？"

因之愣了一下，用脚够了够河底，歪歪扭扭地站了起来，浅浅的河水只是没到他扁扁的肚子。

夕雾满意地看着因之白皙的脸颊爬上尴尬的红润，正要打趣他，少年却一下栽倒在水里。

四

"咳咳。"

"你都病成这样了，再不吃东西就要死了。"夕雾语重心长地看着因之说，"而我呢，不能和宋仪郎君在一起，我也是生无可恋了。"说着她还抹了把眼睛，硬是把眼眶抹出一片红晕。

"咳咳。"

"所以你还是把我吃掉吧。"

回答她的，依旧只有"咳咳"。

那天夕雾可是费了九牛二虎之力，才

把因之从河边拖回了庙里，然后在林子里随便挖了点草，一股脑给他喂下去。

经过夕雾两天的"调理"，因之白净清秀的脸只剩下了苍白。

"咳咳，你给我吃了什么？"

"草……"夕雾没心没肺地笑了笑，又加了个字，"药。"

"那师父呢？"因之问。

"啊？"

"师父两天没吃东西了吗？"

醒来的第一件事居然是关心别人的死活，真是病得不轻。

"亏你还记得为师。"住持师父颤颤巍巍的声音从门外传了进来，显然他也饿得不轻，"你这是怎么回事？"

"我掉进了河里。"因之瞄了一眼师父面无表情的脸，"我……我想捕鱼……"

"罪过罪过，怎么能因为自己的饥饿就去杀生呢？速速抄经赎罪吧。"住持念着念着，看到了煮着水的锅子，他的眼神顿了顿，"这是什么？"

"这是草，"因之想着又加了个字，"药。"

"哦，"住持应了一声，没头没脑地说了句，"为师饿了。"

看住持走远，夕雾才现出了身形："你都病成这样了，他还让你抄经。"

"是我有错在先。"

"可你又没有捕鱼。"话一出口，夕雾像是忽然想到了什么，"哦，你是为了帮我呀。"

因之脸一红，转过身去找经书了。

夜里忽然就落起雨来，滚珠般的声响滑过琉璃瓦，啪嗒啪嗒都落在雕花的檀木栏杆上。夕雾托着脑袋，百无聊赖地看着雨珠连成一串晶莹，让远处的庙宇透露出迷离的姿态。

和着雨声，因之一边抄经，一边念念有词："大慈与一切众生乐，大悲拔一切众生苦。"

夕雾撇了撇嘴道："一个大大的'慈悲'就放在你面前，你却不知道珍惜，净会念大空话。"

"你不要捣乱。"因之头都没有抬。

"我没有。"夕雾嘟了嘟嘴，"你要是吃了我，就是解救了我，那就是大大的功德啊。"

"苦难都是修行，怎么能想着用这样的方式解脱呢？再说了，我们佛门中人不能杀生。"

"孙悟空可是杀了许多只妖才得道成佛的啊。"夕雾的语速缓了缓，"我可是有一千多年道行的坏妖怪，吃了我你肯定就功德圆满，直接去西天见你的如来佛祖啦。"

"你又没做坏事，我干吗要收你？"

"白素贞也没做坏事啊，法海不是照样收了她吗？"看因之不说话，夕雾继续说，"你们人类不是一直觉得我们妖怪是十恶不赦的吗？"

"我不觉得。"因之说。

"那你不会收我咯？"夕雾忽然跳起来，拿食指点着因之的额头，"你发誓？"

"我发誓。"

"那我就告诉你一个秘密。"夕雾嬉皮笑脸的，却是垂着眼角，一副忐忑不安的可怜模样，"小和尚，其实我一直有件事没告诉你。你知道，宋仪郎君的夫人要找道士来封我，那我总不能坐以待毙吧。"她说着看了一眼因之，见对方点了点头，也不知是觉得她说得对，还是只是表示听到了，夕雾像是有了勇气，继而道："可是当我一剑砍过去的时候，那个宋夫人居然把自己的婆婆推了过来，所以……"夕雾顿了顿："我就不小心杀了她。"

因之听了，赶紧低头念起了佛偈。

"宋夫人就是想自己独占宋仪郎君和宋家家业啊，坏的人是她对不对？"夕雾继续补充道，"而且她还把我封印了送到庙里，我要是被你师父收了，那就永世不得超生了，所以你还是吃了我，让我早日堕入轮回吧。"

可别说答应她的请求了，听完之后，小和尚就一直敲着木鱼念经没有理夕雾。夕雾嘟着嘴想，没说的时候一副"你是好人我最相信你"的模样，还不是说出口就变了。

人心怎么这么难测呢？夕雾越想越难过，直到晨光熹微才渐渐进入了梦乡。

五

她是被一阵剧烈的破裂声惊醒的。

住持师父不愧是悟道修行之人，一天没吃东西依旧能砸碎陶罐来表达自己的气势汹汹，夕雾竖起耳朵，听到他对小和尚说："是不是你自己偷吃了粮食？庙里有那么多存粮，怎么会一颗都不剩下了呢？"

"之前不是救济了好多灾民吗？"因之支支吾吾地答话。

"谁让你们救济的！我答应他们只是……"讲到这里，住持摆了摆手，表示不想再谈，"那颗土豆呢，女施主给你的土豆？"

方圆百里的夫人小姐都喜欢来这里烧香，除了这是周围最大的庙宇，更重要的原因是庙里有一个俊俏的小和尚。

在因之从面目白净的小孩子长成了风姿俊朗的少年之后，就有女施主频繁地给他送起东西来，什么念珠啊护符啊素斋啊，当然，它们最后都到了住持师父的手里。除了一颗土豆。虽然它长得全无瑕疵，看起来特殊无比，但它毕竟只是颗土豆。

住持师父当时看都没看就说："你自己拿去玩吧。"

可现在他想起来了，因为他饿了。

"你是不是偷偷吃掉了？"住持说着就一巴掌拍在因之的脑袋上。

"我没有……"因之揉了揉头，"我已经好几天没有吃东西了。"

"没吃东西你还长得那么好？还有力气去山上找草药？"住持说着一巴掌又要打下来，却被不知从哪儿冒出来的小姑娘一把推了开去。

"庙里最后的白米都给你吃了，你还不满意什么呀？小和尚对你那么好，你还这么凶，到底是不是佛门中人啊？"

"你是谁？"住持愣了一下，那一巴掌还是落在了因之的脑袋上，"好啊你，都把女人带进庙里来了。"

"我……"因之还来不及辩解，住持的眼睛放光，仿佛见到了绝妙的美味，"你是妖？"

六

如果不是住持一天没吃东西没力气了，小土豆夕雾现在早就变成一片雾气烟消云散了。

不过住持现在正待在庙里等着因之挖野菜给他吃，而夕雾正在树林间活蹦乱跳地指挥因之："挖那边，那棵树底下！"

虽然这山里没有土豆，但作为深谙土性的小妖怪，知道野菜长在哪里对夕雾而言可是轻而易举的。不一会儿，因之的箩筐就被填得满满的了。

"那我明天再来找你。"因之很是愧疚地看着夕雾，"你一个人住在山里真的没问题吗？"

"没问题啦，我以前都是一个人到处游荡的啊。"

"那我走了。"因之点点头说。

"唉，"他背起箩筐的时候，夕雾忽然叹了口气，"小和尚，你长得那么好看，为什么要留在庙里出家呢？你要是下山去，一定能把红尘搅得天翻地覆呀。"

"山下，"因之望了一眼山下死气沉沉的城镇，"应该饿殍遍野吧，我要是能悟得大道或是求得佛法，拯救苍生多好。"

"哎呀，你们这些小和尚，怎么一个个都做着拯救苍生的大梦啊？"

"你们这些小妖怪，不也一个个都做着得道成仙的大梦吗？"

可第二天因之并没有去找夕雾。

他宁可走最崎岖的山路，被荆棘划破手臂，遍寻不得一点可吃的食物，也没往昨日草丰水美的河谷走去。

他知道住持师父跟着他，师父想要收了夕雾，圆满功德。

虽然夕雾是妖，还杀了人，作为和尚他不应该包庇她，可因之就是不想收了她，她又不是故意杀人的，再说了，师父那么对她，她还挖野菜给他。夕雾那么好，怎么会是师父口中"合该灰飞烟灭"的妖呢？

因之看着荒野叹了口气，夕雾现在应该正等着他吧。

这样一直持续了三天，因之随手拔了点杂草放进箩筐，然后拿前几天的"存粮"熬汤给师父吃。一直到第四天，只吃野菜的住持师父终于走不动了，决定躺在床上等着因之回来做菜给他吃。

小和尚小心翼翼地走到和夕雾约定的山谷，生怕师父是故意骗他的。

可那位面目严厉的老者似乎真的到了奄奄一息的地步。

因之确定了没有被跟踪之后，终于放下心来喊起了夕雾的名字，却叫了几声都没有回应。因之到处望了望，瞧见夕雾坐在树枝上斜靠着树干，望着远方的城镇，没有看他。

"你生气了吗？"因之喊着，"前几天师父一直跟着我，我怕他把你收了，就没有过来。"

"我是妖，难道我不该被收吗？"

"可你是好人啊。"

"你别忘了，我可杀过人。"

"你也从河里救过我啊，还每天帮我找吃的。"

"我就知道你离不开我。"夕雾笑嘻嘻地从树上翻下来，"没有我，你和你师父都要饿死啦。"

因之摸了摸后脑勺，有些不好意思地说："谢谢你啊。"

没想到夕雾又旧事重提："那你就吃了我吧，我对你那么好，你忍心看着我灰飞烟灭吗？"

"可你是活物，我把你吃掉是犯戒的，我就不能去西天了。"

"你连一个我都不肯救，还怎么救天下苍生？"夕雾的脸忽然冷了下来，"说什么拯救苍生，你就是为了你自己，为了自己成佛，受人供养！"

"我不是！"因之恼怒地喊了一句，夕雾却只是板着脸不说话。

"就没有别的办法了吗？"

"没有。"夕雾很快接道。

而因之像是费了好大的力气，才继续问出一句："真的没有吗？"

"真的没有。"夕雾一字一顿地说。

"那我再想一想吧。"

七

小和尚背着箩筐缓缓走在山间的小道上，他没有注意到，层层叠叠的野菜中间还藏了一颗小小的土豆。其实夕雾希望被老和尚吃掉，不是为了解脱，不是为了快点轮回，而是为了反噬老和尚的道行。

夕雾修行了那么多年，从能人集聚的都城长安到伽蓝遍地的洛阳，终于遇上了一个得道高僧。可是妖杀僧是要遭天谴的，后来就有妖告诉她，如果她能被老和尚当作普通的食物吃掉，就可以找到他的元神直接吃掉。

于是夕雾变成了一个漂亮的少妇，把自己的原身小土豆交给了当厨的小和尚。可是傻傻的小和尚一直没有煮那颗土豆，直到饥荒都没有。不管她怎么骗他、糊弄他、误导他，小和尚都不愿意煮了小土豆。

夕雾真的等不及了，三天没好好吃东西的老和尚早没了施展法术的力气，实在不行，她就只有直接跑进他的胃里了。

夕雾这样想着，躺在晃晃悠悠的箩筐里，等着老和尚闪亮闪亮的元神。

可当他们回到寺庙，并没有见到等在正门的住持师父，他没耀武扬威地使唤小和尚，没有喊着捉妖一脸正气地冲出来，他只是静静地躺在禅房属于他的小木床上。

夕雾怎么也没有想到，仅仅是三天，已经超脱人力拥有法术的高僧，竟敌不过人世的饥馑，圆寂而去了。他所有的修为都在离世的一瞬灰飞烟灭，只剩下一具空无一物的躯壳。

小和尚没有哭，他只是跪在师父的床前，一遍一遍地念着往生咒。

即使他只是一个没有受过戒也没入过师门的小厨子，他依旧说他要去西天求取真经，说他不想看着人们一个一个地死去。

夕雾自嘲地想，其实自己心里的悲痛一点也不比他少。小和尚只想了十几天，可她想了上千年，想到那个传说中纯净又美好的世界去，想成为名正言顺的仙人，不用再东躲西藏地过日子。

可她再也实现不了了，她不会再有运

气遇上一个得道高僧了。如果只是凭着一颗妖孽的心，就是修炼千年万年，她也只能成为魔而不能成为仙。

夕雾对因之说："那你学剑法吧，不然怎么杀九九八十一只妖去求个功德圆满。"

因之说他不想杀，夕雾问他想去西天吗，他说想。

"那你只能杀。"

夕雾开始教因之剑法，开始的时候他的剑像切菜的刀一般，精准却轻柔，点到即止。夕雾板起脸来问他到底想不想去西天，他说想。

"那你就要狠一点，妖怪不是吓吓就会走的，你不杀了它们，它们一定会回过头来杀你，这世界多的是恩将仇报。"

因之点了点头，去西天在他心里好像忽然就变成了杀戮的代名词，可他没有办法，这是他求得真经唯一的道路。

因之的剑练得越来越好，他很快能够一剑斩断周遭一片树木。夕雾很开心地说："你和我比一场吧，要是赢过我，你就可以出师啦。"

因之说："好，点到即止。"可事实上，点到即止不是一个人说了算的。

因之根本记不清那柄剑怎么就刺穿了夕雾的胸膛，他只是看到了鲜红鲜红的血液染上夕雾明黄的衣裳，渗透出一种暖暖的橘色，正如夕雾初见他时的笑容。

她说："我骗了你很多次，我根本不喜欢城南的宋仪郎君，不知道他夫人长什么样，也没杀过他娘亲。但有一点我没骗你，我真的是有一千多年道行的坏妖怪，杀了我你就能功德圆满，不用再辛辛苦苦地去杀剩下八十只妖了，你可以直接去西天见你的如来佛祖，完成你拯救苍生的夙愿了。"

因之呆呆地望着夕雾逐渐变得惨白的容颜："那……你的愿望呢？"

其实因之知道夕雾都是骗他的，洛阳就这么大，宋仪有没有夫人，娘亲有没有被杀，在女施主们的闲言碎语里他都能知道得一清二楚。

他不知道夕雾来庙里有什么目的，可他就是傻傻地相信她是好人，一直陪着她编故事，陪着她胡闹。

他觉得自己总有等到真相的那一天，可他终究没能知晓夕雾的秘密。这样才好，这样夕雾在他心里就永远是一只美好可爱的妖怪了。可即便没有真相，故事也总有结束的时候。

很多年以后，久到洛阳城的饥荒成为很难被回忆起来的过往，因之穿着一袭纯白的衣袍，如盛夏的凉风般缓缓穿行在喧哗的洛阳城中，惹得青石板路上提裙行走的少女为他驻足，惹得酒楼里闲聊的少妇为他停了筷子。

因之忽然想起了夕雾对他说的："小和尚，你长得那么好看，为什么要留在庙里出家呢？你要是下山去，一定能把红尘搅得天翻地覆呀。"

高悬的红日映出夺目的光芒，如同佛祖身上耀眼的金光洒向大地。他望着玄鸟高歌、万象升平的洛阳，轻轻地垂下了眼帘。

可这红尘再美，没了你，又还有什么意思呢？